Copyright © 2022 LINGUAS CLASSICS

BESTACTIVITYBOOKS.COM

Alle rechten voorbehouden. Niets uit dit boek mag worden gereproduceerd of gebruikt, op welke wijze dan ook, zonder schriftelijke toestemming van de eigenaar van het auteursrecht, behalve voor het gebruik van citaten in een boekbespreking.

EERSTE EDITIE - Gepubliceerd in 2022

Extra grafisch materiaal van: www.freepik.com
Dank aan: Alekksall, Starline, Pch.vector, Rawpixel.com, Vectorpocket, Dgim-studio, Upklyak, Macrovector, Stockgiu, Pikisuperstar & Freepik.com Designers

Ontdek gratis online spelletjes
Hier verkrijgbaar:

BestActivityBooks.com/FREEGAMES

5 TIPS OM TE BEGINNEN!

1) HOE OP TE LOSSEN

De Puzzels zijn in een Klassiek Formaat:

- Woorden worden verborgen zonder pauzes (geen spaties, streepjes, ...)
- Oriëntatie: Voorwaarts & Achterwaarts, Boven & Beneden of in Diagonaal (kan in beide richtingen)
- Woorden kunnen elkaar overlappen of kruisen

2) ACTIEF LEREN

Naast elk woord is een spatie voorzien om de vertaling te noteren. Om actief te leren vindt u een **WOORDENBOEK** aan het einde van deze editie om uw kennis te controleren en uit te breiden. U kunt elke vertaling opzoeken en opschrijven, de woorden in de puzzel vinden en ze vervolgens aan uw woordenschat toevoegen!

3) TAG JE WOORDEN

Hebt u al geprobeerd een labelsysteem te gebruiken? U zou bijvoorbeeld de woorden die moeilijk te vinden waren kunnen markeren met een kruis, de woorden die u leuk vond met een ster, nieuwe woorden met een driehoek, zeldzame woorden met een ruit enzovoort...

4) ORGANISEER UW LEREN

Wij bieden ook een handig **NOTITIEBOEKJE** aan het eind van deze uitgave. Of u nu op vakantie, op reis of thuis bent, u kunt uw nieuwe kennis gemakkelijk ordenen zonder dat u een tweede notitieboek nodig hebt!

5) AFGESLOTEN?

Ga naar de bonussectie: **FINAAL UITDAGING** om een gratis spel te vinden dat aan het einde van deze editie wordt aangeboden!

Wil je meer leuke en leerzame activiteiten? Het is Snel en Eenvoudig! Een hele collectie spelboeken slechts **één klik verwijderd!**

Vind uw volgende uitdaging bij:

BestActivityBooks.com/MijnVolgendeBoek

Klaar... Start!

Wist u dat er zo'n 7000 verschillende talen in de wereld zijn? Woorden zijn kostbaar.

We houden van talen en hebben hard gewerkt om de boeken van de hoogste kwaliteit voor u te maken. Onze ingrediënten?

Een selectie van onmisbare leerthema's, drie grote plakken plezier, dan voegen we er een lepel moeilijke woorden en een snuifje zeldzame woorden aan toe. We serveren ze met zorg en een maximum aan verrukking, zodat je de beste woordspelletjes kunt oplossen en veel plezier beleeft aan het leren!

Uw feedback is essentieel. U kunt een actieve bijdrage leveren aan het succes van dit boek door een recensie achter te laten. Vertel ons wat u het meest beviel in deze editie!

Hier is een korte link die u naar uw bestelpagina brengt:

BestBooksActivity.com/Recensies50

Bedankt voor uw hulp en veel plezier met het spel!

Linguas Classics

1 - Metingen

```
V A Š U C K N S T U P A N J
I P I N F E I Đ E E N S F V
S V R C M S N L E C Ž D P V
I Z I A M R Č T O N K I T R
N W N H M A Z O I M Z P N J
A M A L H C K Z P M E L L A
D E C I M A L A I I E T T N
U T I N A O I H G N S T A I
B A J T S S T Z Z U H I A R
I R O O A G R A M T Y D C R
N O T O N A A W Đ A R W H Đ
A A U S J K I L O G R A M P
D U Ž I N A V O L U M E N U
C K Y Đ S F L E P R I R D Z
```

ŠIRINA
BAJT
CENTIMETAR
DECIMALA
DUBINA
TEŽINA
STUPANJ
GRAM
VISINA
INČ

KILOGRAM
KILOMETAR
DUŽINA
LITRA
MASA
METAR
MINUTA
UNCA
TONA
VOLUMEN

2 - Keuken

```
N  B  L  L  I  S  P  U  Ž  V  A  Z  R  Đ
L  P  W  Đ  N  W  U  R  V  L  J  T  E  L
H  L  A  D  N  J  A  K  E  H  V  O  C  P
J  Č  Z  V  K  M  T  O  B  G  L  Z  E  E
R  A  Š  A  L  I  C  E  K  L  A  O  P  Ć
Ž  J  I  G  Z  H  J  P  U  V  R  Č  T  N
L  N  W  Z  Z  R  O  Š  T  I  L  J  A  I
I  I  O  U  D  A  P  Z  L  L  Y  E  K  C
C  K  M  Ž  J  N  D  Z  A  I  Y  S  W  A
E  Đ  C  N  E  A  M  A  Č  C  Y  T  K  H
R  K  R  H  L  V  S  Č  A  E  C  I  M  I
H  P  E  A  A  Y  I  I  Z  G  N  C  R  E
U  B  R  U  S  K  Y  N  V  Y  Y  R  O  L
F  Đ  Z  A  M  R  Z  I  V  A  Č  V  O  O
```

ŠALICE
JESTI
ROŠTILJ
ČAJNIK
HLADNJAK
ZDJELA
VRČ
ŽLICE
NOŽEVI
PEĆNICA

KUTLAČA
RECEPT
PREGAČA
UBRUS
ZAČINI
SPUŽVA
HRANA
VILICE
ZAMRZIVAČ

3 - Boten

```
P O S A D A F S V L R L C G
B O C P S O B I A N K M C H
M F M O R E B D U I W Z K D
O S W O B Đ N R O Đ O D A O
R P G D R S C O I C M V J U
N L L Z I S Đ E T T E K A R
A V E U H T K O Đ K D A K I
R F M O T O R I Đ L F N N J
J A H T A A Y W V R A U Đ E
J E Z E R O Č J A R B O L K
Z L U Ž E R V A L O V I K A
P R I S T A N I Š T E Y F M
S P L A V T R A J E K T M A
J E D R I L I C A B N L U U
```

SIDRO	JEZERO
POSADA	MOTOR
PLUTAČA	POMORSKI
PRISTANIŠTE	OCEAN
VALOVI	RIJEKA
JAHTA	UŽE
KAJAK	TRAJEKT
KANU	SPLAV
JARBOL	MORE
MORNAR	JEDRILICA

4 - Chocolade

```
K  J  U  K  U  S  N  O  D  P  P  V  K  O
A  A  K  B  O  M  B  O  N  R  K  K  V  M
L  P  K  J  D  K  G  N  O  A  D  A  A  I
O  S  L  A  T  K  O  U  H  H  J  R  L  L
R  K  K  K  O  Š  R  S  E  Z  Z  A  I  J
I  Ž  I  Z  E  E  A  F  Y  G  A  M  T  E
J  U  L  K  Z  Ć  K  V  U  N  E  E  N  N
E  D  S  C  I  E  E  J  R  D  A  L  T  I
B  N  U  R  U  R  E  C  E  P  T  A  A  H
A  J  P  L  B  I  M  R  S  S  N  E  Z
S  A  S  T  O  J  A  K  F  H  K  E  B  U
F  A  R  O  M  A  U  L  I  S  I  C  G  F
M  P  Z  V  P  I  U  K  U  S  Đ  S  D  F
W  F  T  E  G  Z  O  T  I  Č  N  O  M  P
```

AROMA	KOKOS
ZANATSKI	KVALITETA
GORAK	KIKIRIKI
KAKAO	PRAH
KALORIJE	RECEPT
EGZOTIČNO	UKUS
OMILJENI	BOMBON
UKUSNO	ŠEĆER
SASTOJAK	ŽUDNJA
KARAMELA	SLATKO

5 - Tijd

```
J  U  Č  E  R  G  D  H  K  L  A  U  H  G
V  C  W  Đ  J  Y  O  A  M  T  Z  N  U  P
F  S  U  T  R  A  R  D  N  Y  L  A  I  T
W  T  J  S  L  F  M  E  I  A  S  K  H  M
M  O  R  R  N  K  D  S  M  Š  S  O  B  S
I  L  E  K  O  M  F  E  Đ  W  N  N  B  A
N  J  Z  A  Ć  J  U  T  R  O  P  J  E  D
U  E  J  L  V  E  S  L  D  B  S  R  I  A
T  Ć  J  E  O  S  Đ  J  G  O  D  I  N  A
A  E  E  N  K  E  S  E  B  A  E  B  D  K
S  R  T  D  L  C  W  Ć  A  K  R  H  V  F
T  A  G  A  G  P  B  E  T  J  E  D  A  N
W  N  T  R  B  U  D  U  Ć  N  O  S  T  H
P  O  R  D  A  N  P  O  D  N  E  F  Z  B
```

DAN	MINUTA
DESETLJEĆE	SUTRA
STOLJEĆE	NAKON
JUČER	NOĆ
GODINA	SADA
GODIŠNJI	JUTRO
KALENDAR	BUDUĆNOST
SAT	DANAS
MJESEC	RANO
PODNE	TJEDAN

6 - Meditatie

```
Y  M  L  J  U  B  A  Z  N  O  S  T  P  F
A  I  P  A  Ž  N  J  A  P  O  K  R  E  T
S  R  S  F  E  G  S  T  K  Đ  Z  D  R  J
U  H  P  P  E  R  S  P  E  K  T  I  V  A
T  W  M  G  K  P  J  R  P  V  S  S  P  S
E  M  O  C  I  J  E  R  E  H  R  A  R  N
G  L  A  Z  B  A  L  M  T  Ć  O  N  I  O
S  R  Z  D  R  Ž  A  N  J  E  A  J  R  Ć
T  I  Š  I  N  A  B  U  D  A  N  E  O  A
P  R  I  H  V  A  Ć  A  N  J  E  M  D  M
A  Z  Đ  M  E  N  T  A  L  N  O  I  A  J
S  U  O  S  J  E  Ć  A  N  J  E  S  H  U
Z  A  H  V  A  L  N  O  S  T  J  L  B  L
P  R  O  M  A  T  R  A  N  J  E  I  E  O
```

PAŽNJA
PRIHVAĆANJE
DISANJE
POKRET
ZAHVALNOST
EMOCIJE
MISLI
SREĆA
JASNOĆA
DRŽANJE

SUOSJEĆANJE
MENTALNO
GLAZBA
PRIRODA
PROMATRANJE
PERSPEKTIVA
TIŠINA
MIR
LJUBAZNOST
BUDAN

7 - Zomer

```
Z D P R I J A T E L J I O K
V R T O M V E J Y K U S P A
I S A N D A L E Z L Z J U M
J S M J S J Z P G T H E Š P
E J O E O B I T E L J Ć T I
Z K R N H A P P K K S A A R
D M E J H I U V L E C N N A
E L E E R I T L L A Y J J N
R A D O S T O S W A Ž A E J
K N J I G E V T C F I A N E
I H R A N A A T T S C V I J
G L A Z B A T M H O D M O R
R M I J I D I P L I V A T I
E O D O M G B T Đ Z H A G U
```

KNJIGE
RONJENJE
OBITELJ
IGRE
SJEĆANJA
DOM
KAMPIRANJE
GLAZBA
OPUŠTANJE
PUTOVATI

SANDALE
ZVIJEZDE
PLAŽA
VRT
ODMOR
HRANA
RADOST
PRIJATELJI
MORE
PLIVATI

8 - Vogels

```
F B T P I N G V I N R G K F
G D S O U P A T K A O U U L
G B J Y U Z I V F P D S K A
V R A B A C G L P E A K A M
E Đ J U N I A U E S F A V I
H Z E Y P J L N L T Y I I N
Č R R L A O E P I P I W C G
A J Đ S U C B K K A F N A O
P I Y M N T Đ R A P S K A N
L G O L U B K C N I C O Y Z
J M G Y Z N O J Đ G F H V H
A E T L V Đ M J L A B U D A
A L V R A N A L Đ V R D S P
Z H L P Z T L B L E K M J I
```

GOLUB

PATKA

JAJE

FLAMINGO

GUSKA

PILETINA

KUKAVICA

VRANA

GALEB

VRABAC

RODA

PAPIGA

PAUN

PELIKAN

PINGVIN

ČAPLJA

NOJ

TOUCAN

SOVA

LABUD

9 - Behoud

```
S  I  I  Y  O  V  H  D  V  O  D  A  R  Z
C  I  K  L  U  S  O  Z  D  Y  R  E  E  D
O  I  R  J  D  U  D  L  E  N  F  N  C  R
R  B  Y  T  Đ  P  R  N  O  L  O  K  I  A
G  E  R  Z  J  R  Ž  K  P  N  E  U  K  V
A  K  P  A  D  I  I  E  D  V  T  N  L  L
N  O  E  G  Z  R  V  M  M  B  K  E  I  J
S  S  S  A  A  O  M  I  W  E  L  K  R  E
K  U  T  Đ  K  D  V  K  Z  N  I  O  A  G
I  S  I  E  F  N  M  A  J  N  M  L  T  O
H  T  C  N  T  O  E  L  N  I  A  O  I  P
C  A  I  J  P  B  S  I  P  J  Đ  Š  Đ  W
H  V  D  E  J  Đ  Y  J  S  N  E  K  V  L
S  T  A  N  I  Š  T  E  R  I  F  I  O  V
```

KEMIKALIJE	PRIRODNO
ODRŽIV	OBRAZOVANJE
EKOSUSTAV	ORGANSKI
CIKLUS	PESTICID
ZDRAVLJE	RECIKLIRATI
ZELEN	ZAGAĐENJE
STANIŠTE	VOLONTER
KLIMA	VODA
EKOLOŠKI	

10 - Wiskunde

```
K  T  L  N  S  P  O  D  J  E  L  A  S  E
A  V  V  O  L  U  M  E  N  M  Đ  P  I  K
P  R  A  Z  J  K  J  C  R  R  S  A  M  S
R  S  I  D  P  O  L  I  G  O  N  R  E  P
O  Z  J  T  R  T  D  M  S  K  P  A  T  O
M  P  P  W  M  A  Y  A  U  O  A  L  R  N
J  N  S  Y  R  E  T  L  M  M  R  E  I  E
E  S  C  E  Đ  F  T  A  A  I  A  L  J  N
R  S  R  K  G  N  S  I  M  C  L  O  A  T
F  R  A  K  C  I  J  A  K  A  E  G  W  R
K  U  T  O  V  I  S  I  W  A  L  R  Đ  O
J  E  D  N  A  D  Ž  B  A  Đ  N  A  H  K
G  E  O  M  E  T  R  I  J  A  O  M  E  U
P  R  A  V  O  K  U  T  N  I  K  O  F  T
```

DECIMALA	PARALELNO
PROMJER	PARALELOGRAM
PODJELA	PRAVOKUTNIK
TROKUT	ARITMETIKA
EKSPONENT	SUMA
FRAKCIJA	SIMETRIJA
GEOMETRIJA	POLIGON
KUTOVI	JEDNADŽBA
OKOMICA	KVADRAT
OPSEG	VOLUMEN

11 - Camping

```
Ž  W  T  Đ  H  N  K  A  N  U  J  F  Š  M
T  I  M  G  A  Š  A  T  O  R  S  Ć  E  E
Đ  A  V  P  S  L  B  K  C  V  J  D  Š  S
Š  J  A  O  H  P  I  K  C  K  V  P  I  E
U  W  T  K  T  R  N  W  O  L  R  G  R  K
M  B  R  U  F  I  A  V  W  M  H  P  A  T
A  M  A  K  W  R  N  N  N  K  P  L  Z  W
F  J  V  A  W  O  Z  J  O  A  L  A  T  Đ
R  E  A  C  V  D  Đ  E  E  R  A  N  S  Đ
E  S  N  K  I  A  O  Z  B  T  P  I  Đ  W
E  E  T  J  R  S  U  E  C  A  C  N  Đ  P
J  C  U  B  E  P  D  R  V  E  Ć  A  N  L
I  T  R  O  D  R  L  O  V  I  S  E  Ć  A
O  M  A  U  Ž  E  H  D  Y  R  I  E  H  F
```

AVANTURA
PLANINA
DRVEĆA
ŠUMA
VATRA
KABINA
ŽIVOTINJE
VISEĆA
ŠEŠIR
KUKAC

LOV
KARTA
KANU
KOMPAS
FENJER
MJESEC
JEZERO
PRIRODA
ŠATOR
UŽE

12 - Activiteiten

```
J A N I R I B A R S T V O U
Z A G O N E T K E L T E O M
I M O L O V G Y B I M M B J
K E Đ P L E S Y A K A A R E
T A C G U A E A G A G U T T
A C M R M Š Š I V A N J E N
E N O P A K T I V N O S T O
Č G K O I L E A I G R E Y S
U I Z R I R K J N V J S L T
R W T J Đ M A G I J A C Y Z
I E Đ A P S U N L N E H I N
O Đ U J N E I K J C G M Y V
J M Z S A J P K S E R D M T
T G L J Y K E R A M I K A H
```

AKTIVNOST
OBRT
PLES
IGRE
RIBARSTVO
LOV
KAMPIRANJE
KERAMIKA

UMJETNOST
ČITANJE
MAGIJA
ŠIVANJE
OPUŠTANJE
ZAGONETKE
SLIKA

13 - Vormen

```
B F K O C K A L U K F C P M
F Đ C R T A L G F Đ N Y I B
P I E M E R U B O V I A R P
O V A L A N O U B V I Y A R
P O L I G O N K W J G I M A
K V A D R A T C U T P K I V
F H G E M E M D W T R R D O
Z A B Y S F E R A S I I A K
S Y S B T A W P M I Z V T U
H I P E R B O L A Y M U B T
B C R O A S K U T R A L Z N
C I L I N D A R G N P J P I
A A G V A F L S U Z A A V K
K O N U S C F W I G T I W F
```

SFERA   KOCKA
LUK   CRTA
CILINDAR   OVALAN
KRUG   PIRAMIDA
KRIVULJA   PRIZMA
TROKUT   RUBOVI
KUT   PRAVOKUTNIK
HIPERBOLA   POLIGON
STRANA   KVADRAT
KONUS

14 - Astronomie

```
Z  R  A  Č  E  N  J  E  Y  M  I  K  E  G
A  S  T  R  O  N  O  M  S  E  E  O  K  A
S  A  R  R  A  K  E  T  A  T  Y  N  V  S
T  T  A  W  V  M  O  S  V  E  K  S  I  T
R  E  S  Z  S  Đ  L  M  Z  O  T  T  N  E
O  L  Đ  V  P  F  Y  E  E  R  A  E  O  R
N  I  B  I  E  N  H  F  K  T  M  L  C  O
A  T  W  J  Z  M  Z  E  M  L  J  A  I  I
U  L  F  E  I  J  I  I  C  W  E  C  J  D
T  U  F  Z  K  K  A  R  C  Z  S  I  A  Z
P  E  F  D  K  O  Z  M  O  S  E  J  C  A
I  U  H  A  S  V  T  O  Y  N  C  A  I  S
T  E  L  E  S  K  O  P  L  A  N  E  T  A
M  A  G  L  I  C  A  C  N  L  Z  J  Đ  H
```

ZEMLJA
ASTEROID
ASTRONAUT
ASTRONOM
EKVINOCIJA
KOMET
KOZMOS
MJESEC
METEOR

MAGLICA
PLANETA
RAKETA
SATELIT
ZVIJEZDA
KONSTELACIJA
ZRAČENJE
TELESKOP
SVEMIR

15 - Emoties

```
L W R M B T L R D S K U B N
J T Đ I C N J Z A V H T I J
B N V R T Z U T R D F P J E
D O S A D A B Z M F O E E Ž
L T T N B H A A B Đ U S S N
J S R U L V V L O U V Z T O
U I A A A Z Y U I Đ T C S
B M H M Ž L D M W A U E B T
A P D I E A N E U G O D N O
Z A R R N N C C J C Y C F S
N T L L S A D R Ž A J F R N
O I I K T U G A D E A T K H
S J N R V O L A K Š A N J E
T A W Y O L A K R F Z B P E
```

STRAH	OLAKŠANJE
NEUGODNO	SIMPATIJA
ZAHVALAN	NJEŽNOST
TUGA	DOSADA
BLAŽENSTVO	MIR
SADRŽAJ	RADOST
MIRAN	LJUBAZNOST
LJUBAV	BIJES
UZBUĐEN	

16 - Vakantie #2

```
V  H  M  K  B  B  E  E  D  S  P  H  B  R
T  Š  O  T  O  K  T  B  W  T  U  Z  O  E
K  A  R  T  A  O  D  M  O  R  T  E  D  Z
L  T  G  A  E  F  S  O  V  A  O  P  R  E
Y  O  G  K  W  L  G  N  G  N  V  R  E  R
U  R  T  S  V  L  A  K  K  A  N  I  D  V
Z  B  B  I  Đ  S  W  A  L  C  I  J  I  A
S  T  R  A  N  I  V  I  Z  A  C  E  Š  C
Z  R  A  Č  N  A  L  U  K  A  A  V  T  I
P  U  T  O  V  A  N  J  E  Y  S  O  E  J
L  D  L  R  E  S  T  O  R  A  N  Z  M  E
O  A  M  G  B  G  H  W  W  R  K  Y  O  P
K  A  M  P  I  R  A  N  J  E  R  L  R  Đ
S  C  Đ  Z  P  L  A  Ž  A  J  M  L  E  A
```

ODREDIŠTE
STRANAC
STRANI
OTOK
HOTEL
KARTA
KAMPIRANJE
ZRAČNA LUKA
PUTOVNICA
PUTOVANJE

REZERVACIJE
RESTORAN
PLAŽA
TAKSI
ŠATOR
VLAK
ODMOR
PRIJEVOZ
VIZA
MORE

17 - Weersomstandigheden

```
U K S M S S H D W L V P S Y
R O L U F O B U S U Z R D L
A B E I Š A S G W I N Y Z M
G L D Y M A T A T L B P U L
A A Đ Y U A P M V J E T A R
N K J B N U K M O N S U N M
O Đ M Y J T R O P S K I E A
T O R N A D O O F U F R B G
P O P L A V A Đ Z H K E O L
J Đ A G U N T M K O L G R A
T E M P E R A T U R A T H A
O L U J A U G W D D S R O C
G R M L J A V I N A C E A K
P O L A R N I H O F K W K M
```

ATMOSFERA
MUNJA
GRMLJAVINA
SUHO
SUŠA
NEBO
LED
KLIMA
MAGLA
MONSUN

URAGAN
POPLAVA
POLARNI
DUGA
OLUJA
TEMPERATURA
TORNADO
TROPSKI
VJETAR
OBLAK

18 - Strand

```
S  T  S  H  O  P  L  I  V  A  T  I  O  M
Š  L  U  U  A  B  B  A  B  Đ  L  L  U  B
K  O  N  G  G  R  A  Y  G  M  C  B  K  H
O  W  C  D  E  F  G  L  F  O  O  U  F  J
L  H  E  I  J  P  K  L  A  D  K  R  A  K
J  E  D  R  I  L  I  C  A  M  W  D  E  M
K  D  R  V  A  A  Đ  J  G  O  T  O  K  M
E  D  T  K  R  V  F  N  S  R  N  E  D  T
P  R  I  S  T  A  N  I  Š  T  E  E  H  P
O  C  E  A  N  H  Č  T  Đ  I  Y  B  R  U
K  I  Š  O  B  R  A  N  B  A  P  A  E  W
E  C  D  D  Đ  Z  M  R  U  Č  N  I  K  N
K  P  Y  G  F  S  A  N  D  A  L  E  O  Z
L  A  G  U  N  A  C  P  I  J  E  S  A  K
```

PLAVA
ČAMAC
PRISTANIŠTE
OTOK
RUČNIK
RAK
OBALA
LAGUNA
OCEAN
KIŠOBRAN

GREBEN
SANDALE
ŠKOLJKE
ODMOR
PIJESAK
MORE
JEDRILICA
SUNCE
PLIVATI

19 - Eten #2

```
E  V  J  B  I  B  R  O  K  U  L  A  P  P
I  M  A  G  C  V  R  A  A  V  W  P  Š  A
J  H  B  H  M  H  E  E  N  A  N  A  E  T
G  Š  U  B  Đ  H  Y  M  S  N  L  P  N  L
B  P  K  J  O  G  U  R  T  K  M  C  I  I
M  A  A  D  S  H  N  F  T  K  V  B  C  D
H  R  D  G  R  O  Ž  Đ  E  I  R  A  A  Ž
I  O  U  E  M  E  O  K  D  V  I  U  S  A
A  G  V  O  M  E  W  E  B  I  Ž  L  H  N
J  A  U  R  A  J  Č  I  C  A  A  Đ  C  H
J  A  J  E  J  R  A  N  A  N  A  S  U  L
Š  U  N  K  A  I  P  I  L  E  T  I  N  A
B  T  I  E  E  B  G  U  I  J  R  R  C  C
V  P  B  Đ  D  A  B  A  N  A  N  A  Đ  B
```

BADEM	ŠUNKA
ANANAS	SIR
JABUKA	PILETINA
ŠPAROGA	KIVI
PATLIDŽAN	BRESKVA
BANANA	RIŽA
BROKULA	PŠENICA
KRUH	RAJČICA
GROŽĐE	RIBA
JAJE	JOGURT

20 - Klimmen

```
Z  Đ  O  W  Y  Š  S  I  Z  A  Z  O  V  I
A  M  A  J  A  P  Đ  R  N  A  B  Z  J  W
Z  S  T  D  V  I  S  I  N  A  K  L  S  H
S  N  A  G  A  L  O  B  U  K  A  J  P  T
S  W  A  N  V  J  Z  B  M  P  M  E  Y  A
T  T  L  T  K  A  C  I  G  A  H  D  S  T
R  K  E  F  I  Z  I  Č  K  I  F  A  U  M
U  G  A  R  U  Ž  Č  I  Z  M  E  W  Z  O
Č  I  R  R  E  N  E  V  O  D  I  Č  I  S
N  Đ  R  A  T  N  F  L  W  D  D  T  T  F
J  K  Z  B  F  A  G  J  J  L  C  P  I  E
A  R  U  K  A  V  I  C  E  A  H  I  S  R
K  S  T  A  B  I  L  N  O  S  T  W  F  A
B  T  N  R  P  J  E  Š  A  Č  E  N  J  E
```

ATMOSFERA
STRUČNJAK
FIZIČKI
VODIČI
ŠPILJA
RUKAVICE
KACIGA
VISINA
KARTA
SNAGA

ČIZME
OZLJEDA
ZNATIŽELJA
OBUKA
SUZITI
STABILNOST
TEREN
IZAZOVI
PJEŠAČENJE

21 - Restaurant #1

```
P  K  J  E  S  T  I  A  P  A  V  J  T  J
A  Y  R  U  N  J  D  K  B  M  I  G  N  E
S  U  I  U  M  A  K  U  U  T  T  E  P  L
C  B  Z  D  H  P  D  T  A  N  J  U  R  O
A  L  P  K  A  V  A  N  L  O  Đ  D  K  V
S  A  S  T  O  J  C  I  E  Ž  M  F  U  N
F  G  Z  D  J  E  L  A  R  I  E  B  H  I
G  A  Đ  B  B  H  I  I  G  Đ  S  Z  I  K
M  J  O  R  S  K  W  O  I  U  O  T  N  O
S  N  B  U  G  P  M  G  J  H  B  I  J  N
P  I  L  E  T  I  N  A  A  K  R  R  A  Z
C  K  O  N  O  B  A  R  I  C  A  A  U  G
R  E  Z  E  R  V  A  C  I  J  A  R  N  S
J  D  E  S  E  R  T  F  D  Đ  G  N  O  A
```

ALERGIJA	JELOVNIK
TANJUR	NOŽ
KRUH	AKUTNI
JESTI	REZERVACIJA
SASTOJCI	UMAK
BLAGAJNIK	KONOBARICA
KUHINJA	UBRUS
PILETINA	DESERT
KAVA	MESO
ZDJELA	HRANA

22 - Geologie

```
S T A L A K T I T G Z V K W
L U P D G K W W M W R U O Đ
O B Đ N E P K A W V A L N J
J U I D J M K A M E N K T N
Z E R O Z I J A L M Z A I M
O S O L I I G O V C R N N Z
N P D D R G G B H E I K E R
A F L W C W J Y N N R J N K
Z O R A S T O P L J E N T V
A S C G T A K O R A L J A A
I I Y U T O K R Z V L V M R
V L K I S E L I N A E U O C
B U L A V A R R M Y K C S Z
K R I S T A L I P O T R E S
```

POTRES
KALCIJ
KONTINENT
EROZIJA
FOSIL
GEJZIR
RASTOPLJEN
KAVERNA
KORALJA
KRISTALI

KVARC
SLOJ
LAVA
PLATO
STALAKTIT
KAMEN
VULKAN
ZONA
SOL
KISELINA

23 - Specerijen

```
K U R K U M A B F P H Č Z K
W Š K P J C R B C I M E T O
V P A P A R L U K S K Š A M
W A W F E A S L K K U N V O
D P N I R W I Z O A M J O R
B R D I R A O K R V I A S A
L I L M L N N A I I N K S Č
G K B K B I P R J C Đ G J A
L A T W H S J D A A U O G E
S O L B Z L U A N Y M R R C
K M G L K A J M D P B A R R
W V L H W T D O E G I K S Y
W W Z V Z K G M R B R C N W
G K I F E O K U S S I Z S W
```

ANIS
GORAK
PISKAVICA
ĐUMBIR
CIMET
KARDAMOM
CURRY
ČEŠNJAK
KUMIN
KORIJANDER

KURKUMA
PAPRIKA
PAPAR
ŠAFRAN
OKUS
LUK
VANILIJA
KOMORAČ
SLATKO
SOL

24 - Groenten

```
B U N D E V A R T I Č O K A
M R H L R O P O Đ O T M R Č
N E O U E O M A S L I N A E
A P K K O Đ T W G A O A S Š
S A M K U I N K E C Đ K T N
D T J O G L J I V A I K A J
V D V Z E U A R S I Đ P V A
K K Y J O K P D A W C O A K
C O N A U J E Đ L J D A C Đ
V A D K A C R P A Y Č V J O
Š P I N A T Š U T P Y I Đ G
C E L E R F I J A Z G V C Y
G R A Š A K N Đ U M B I R A
P A T L I D Ž A N M R K V A
```

ARTIČOKA
PATLIDŽAN
BROKULA
GRAŠAK
ĐUMBIR
ČEŠNJAK
KRASTAVAC
MASLINA
GLJIVA
PERŠIN

BUNDEVA
REPA
ROTKVICA
SALATA
CELER
LUK KOZJAK
ŠPINAT
RAJČICA
LUK
MRKVA

25 - Dans

```
L  N  J  L  O  D  U  I  A  K  Đ  C  F  Y
B  K  F  C  Z  H  T  L  G  L  A  Z  B  A
U  S  T  R  A  D  O  S  T  A  N  K  I  K
R  M  I  A  Y  B  H  K  H  S  P  U  Z  O
I  I  J  F  K  E  D  O  E  I  R  L  R  R
T  L  E  E  P  A  M  K  G  Č  O  T  A  E
A  O  L  E  T  K  D  O  J  N  B  U  Ž  O
M  S  O  Z  S  N  B  E  C  I  A  R  A  G
I  T  T  H  G  C  O  U  M  I  L  A  J  R
D  R  Ž  A  N  J  E  S  W  I  J  G  A  A
P  A  R  T  N  E  R  B  T  N  J  A  N  F
T  R  A  D  I  C  I  O  N  A  L  A  N  I
P  O  K  R  E  T  V  I  D  N  I  F  G  J
Đ  D  H  J  C  K  U  L  T  U  R  N  I  A
```

AKADEMIJA	KLASIČNI
POKRET	UMJETNOST
RADOSTAN	TIJELO
KOREOGRAFIJA	GLAZBA
KULTURNI	PARTNER
KULTURA	PROBA
EMOCIJA	RITAM
IZRAŽAJAN	SKOK
MILOST	TRADICIONALAN
DRŽANJE	VIDNI

26 - Sport

```
I  L  U  G  I  M  N  A  S  T  I  K  A  S
K  G  P  C  F  M  P  J  G  O  L  F  D  T
D  O  R  U  O  F  B  E  J  Z  B  O  L  A
Y  M  N  A  K  O  Š  A  R  K  A  S  Y  D
P  O  B  J  E  D  N  I  K  V  L  U  F  I
G  I  M  N  A  Z  I  J  A  O  U  D  R  O
I  G  R  A  Č  B  I  C  I  K  L  A  D  N
T  P  F  P  T  S  T  K  B  B  G  C  T  H
R  I  L  L  E  P  R  V  E  N  S  T  V  O
E  I  M  I  N  O  O  F  D  T  A  Y  K  K
N  B  F  V  I  R  L  K  A  O  F  H  U  E
E  S  G  A  S  T  U  A  R  L  C  B  O  J
R  Y  V  T  M  A  G  S  P  E  T  T  D  F
D  B  S  I  F  Š  I  W  N  B  T  V  B  V
```

SPORTAŠ	SUDAC
KOŠARKA	IGRA
POKRET	IGRAČ
BICIKL	STADION
GOLF	TIM
GIMNAZIJA	TENIS
GIMNASTIKA	TRENER
HOKEJ	POBJEDNIK
BEJZBOL	PLIVATI
PRVENSTVO	

27 - Mythologie

```
S  K  G  Č  J  R  U  L  Z  Đ  W  S  I  L
B  A  R  U  U  S  T  V  O  R  E  N  J  E
C  T  M  D  N  M  U  N  J  A  L  A  U  G
J  A  L  O  A  T  L  S  D  J  J  G  Đ  E
P  S  J  V  K  N  A  M  P  B  U  A  Đ  N
R  T  A  I  I  S  B  R  O  E  B  N  U  D
A  R  V  Š  N  T  I  T  N  S  O  N  A  A
T  O  I  T  J  V  R  N  A  M  M  O  R  K
N  F  N  E  A  A  I  I  Š  R  O  Đ  H  U
I  A  A  M  I  R  N  K  A  T  R  U  E  L
K  S  W  M  P  A  T  Z  N  N  A  W  T  T
P  L  U  F  U  N  O  S  J  O  E  I  I  U
O  A  Y  E  U  J  C  Đ  E  S  E  B  P  R
Đ  H  O  S  V  E  T  A  I  T  Y  B  O  A
```

ARHETIP	LJUBOMORA
MUNJA	SNAGA
STVARANJE	RATNIK
KULTURA	LEGENDA
GRMLJAVINA	ČUDOVIŠTE
LABIRINT	BESMRTNOST
PONAŠANJE	KATASTROFA
JUNAK	SMRTNIK
JUNAKINJA	STVORENJE
NEBO	OSVETA

28 - Vakantie #1

```
C  F  M  Đ  A  H  O  Z  M  O  M  D  F  E
Y  I  U  S  F  Đ  U  R  U  K  S  A  K  K
E  F  V  Y  Y  G  S  A  Z  E  P  T  Đ  S
V  S  J  S  D  C  B  K  E  G  S  U  U  P
A  A  J  E  Z  E  R  O  J  K  C  R  L  E
D  U  L  Z  N  D  Đ  P  R  A  F  I  D  D
V  C  T  U  H  U  Đ  L  N  U  Đ  S  F  I
F  G  E  O  T  R  M  O  Y  L  T  T  C  C
P  K  I  G  M  A  V  V  Y  A  R  W  C  I
K  O  F  E  R  O  D  L  A  Z  A  K  A  J
H  Đ  K  I  Š  O  B  R  A  N  M  W  R  A
P  L  I  V  A  T  I  I  A  I  V  R  I  U
I  T  I  N  E  R  A  R  L  C  A  S  N  Z
O  P  U  Š  T  A  N  J  E  A  J  Đ  A  E
```

AUTOMOBIL
CARINA
EKSPEDICIJA
ULAZNICA
KOFER
JEZERO
MUZEJ
OPUŠTANJE
KIŠOBRAN

ITINERAR
RUKSAK
TURIST
TRAMVAJ
VALUTA
ODLAZAK
ZRAKOPLOV
PLIVATI

29 - Eten #1

```
K  B  O  S  I  L  J  A  K  S  E  O  N  M
R  N  L  Z  H  S  A  U  N  O  F  W  V  M
U  M  R  K  V  A  G  L  D  K  A  L  J  U
Š  E  Ć  E  R  L  O  C  B  N  U  I  U  C
K  B  D  W  W  A  D  G  K  W  W  M  H  K
A  A  T  I  Y  T  A  W  U  F  H  U  A  M
M  F  U  U  S  A  O  H  Z  L  B  N  W  L
L  U  U  C  N  K  I  K  I  R  I  K  I  I
F  S  C  Z  P  A  F  F  S  Š  G  I  U  J
C  M  A  R  E  L  I  C  A  P  H  M  S  E
F  I  Č  E  Š  N  J  A  K  I  H  E  V  K
P  U  M  Y  N  J  I  S  Z  N  Đ  S  E  O
A  U  J  E  Č  A  M  O  T  A  R  O  A  A
O  V  K  S  T  C  T  L  N  T  P  Y  T  K
```

JAGODA	SALATA
MARELICA	SOK
BOSILJAK	JUHA
LIMUN	ŠPINAT
JEČAM	ŠEĆER
CIMET	TUNA
ČEŠNJAK	LUK
MLIJEKO	MESO
KRUŠKA	MRKVA
KIKIRIKI	SOL

30 - Avontuur

```
D K G S M U I K I E P N O P
J M V Y J A I G Z D E A D U
H R A B R O S T L S E V R T
O P A S N O Đ P E N K I E O
I R K R H G T N T S R G D V
Z I T S L J E P O T A A I A
A L I E V Đ Z R S V D C Š N
Z I V N E O B I Č N O I T J
O K N C G F H R P N S J E A
V A O T E Š K O Ć A T A V Y
I Z S H E P J D Đ N U J G V
E N T U Z I J A Z A M V N K
S I G U R N O S T O P M J P
K V P R I P R E M A C Y T F
```

AKTIVNOST
ODREDIŠTE
ENTUZIJAZAM
IZLET
OPASNO
PRILIKA
HRABROST
TEŠKOĆA
PRIRODA

NAVIGACIJA
NOVO
NEOBIČNO
PUTOVANJA
LJEPOTA
IZAZOVI
SIGURNOST
PRIPREMA
RADOST

31 - Circus

```
Č N D H P E U U C B D Đ G A
A J G I A N Š A T O R Đ L K
R A A E R O F E I M W M E R
O B P G A U B C G B O F D O
B E C M D T L G A O C F A B
N K G L A Z B A R N V T T A
J W L A V W R M Z L G R E T
A B V A Z F P G A N R I L B
K M N A U S Đ C T J I K J J
C N Đ Ž O N G L E R M C G W
K O S T I M R L O K G U A A
B A L O N I M A G I J A N M
C B O Ž I V O T I N J E M O
Đ S N Z A B A V L J A T I U
```

MAJMUN	MAGIJA
AKROBAT	GLAZBA
BALONI	SLON
KLAUN	PARADA
ŽIVOTINJE	BOMBON
ČAROBNJAK	ŠATOR
ŽONGLER	TIGAR
ULAZNICA	GLEDATELJ
KOSTIM	TRIK
LAV	ZABAVLJATI

32 - Restaurant #2

```
T  Z  L  J  V  P  R  T  S  M  P  Z  T  R
O  A  J  C  I  E  I  C  T  F  H  L  W  E
R  Č  I  T  Đ  G  B  S  O  L  T  N  Y  Z
T  I  E  V  O  D  A  L  L  B  E  S  V  A
A  N  L  O  I  N  B  N  I  A  D  D  E  N
P  I  G  Ć  H  L  G  S  C  Đ  M  R  Č  C
A  I  T  E  Ž  L  I  C  A  O  P  K  E  I
K  W  Ć  B  Đ  A  E  C  O  R  S  G  R  W
O  P  W  E  P  J  A  J  A  P  A  R  A  G
N  Z  H  R  E  U  N  M  Đ  O  L  U  E  N
O  K  Y  W  G  H  N  U  J  V  A  Č  G  Y
B  Y  G  R  D  A  A  R  L  R  T  A  Z  S
A  U  K  U  S  N  O  H  P  Ć  A  K  Z  O
R  C  O  D  V  B  Y  B  Đ  E  Đ  J  B  Z
```

TORTA	REZANCI
VEČERA	KONOBAR
PIĆE	SALATA
JAJA	JUHA
VOĆE	ZAČINI
POVRĆE	STOLICA
UKUSNO	RIBA
LED	VILICA
ŽLICA	VODA
RUČAK	SOL

33 - Bijen

```
K M W V O O K D S U N C E T
R E Đ O I P V R M N G V B E
A U D Ć A R O J I E D I F R
L A Đ E K A S J I L D J G T
J V M W U Š A I R P A E J D
I D Y N K I K V R T M Ć I C
C C I N A V P E L U D E R G
A E A I C A C V I J E T K H
J E N M A Č K Z C H N M O R
E K O S U S T A V I E U Š A
R A Z N O L I K O S T D N N
L Z Z C V C C U J F E H I A
S T A N I Š T E L C D A C M
K O R I S N O E T T A Đ A R
```

OPRAŠIVAČ
KOŠNICA
CVIJEĆE
CVIJET
RAZNOLIKOST
EKOSUSTAV
VOĆE
STANIŠTE
MED
KUKAC

KRALJICA
DIM
PELUD
VRT
KRILA
HRANA
KORISNO
VOSAK
SUNCE
ROJ

34 - School #1

```
E  F  D  K  A  K  R  U  Č  A  K  B  F  J
Z  A  B  A  V  A  P  Č  Č  P  A  P  I  R
G  G  W  E  H  I  C  I  K  I  H  U  H  J
I  S  P  I  T  I  Z  O  A  S  T  Č  B  E
I  S  M  O  G  P  H  N  R  T  B  I  A  K
V  R  C  L  D  M  K  I  D  O  R  T  B  N
Đ  K  N  O  Z  G  P  C  E  L  O  E  E  J
O  L  O  V  K  E  O  A  S  N  J  L  C  I
O  M  B  K  A  B  D  V  G  R  E  J  E  G
S  B  T  A  M  A  P  E  O  G  V  A  D  E
K  N  J  I  Ž  N  I  C  A  R  I  L  A  M
P  R  I  J  A  T  E  L  J  I  I  D  J  I
M  A  T  E  M  A  T  I  K  A  Đ  A  V  V
S  T  O  L  I  C  A  U  L  J  I  Y  Y  L
```

ABECEDA	RUČAK
ODGOVORI	MAPE
KNJIŽNICA	PAPIR
KNJIGE	OLOVKE
STOL	ZABAVA
BROJEVI	OLOVKA
ISPITI	KVIZ
UČIONICA	STOLICA
UČITELJ	PRIJATELJI
UČITI	MATEMATIKA

35 - Wandelen

```
P  K  A  M  P  I  R  A  N  J  E  L  W  H
K  V  R  I  J  E  M  E  D  I  V  L  J  I
P  L  M  S  D  N  P  W  N  K  L  S  K  O
E  Y  I  I  N  V  K  A  M  E  N  J  E  R
K  Đ  R  M  K  A  R  G  Ž  A  P  K  P  I
O  P  W  U  A  J  J  L  I  U  L  A  T  J
M  P  A  R  K  O  V  I  V  M  A  R  C  E
A  R  A  T  J  I  B  T  O  O  N  T  J  N
R  I  P  S  E  E  T  I  T  R  I  A  K  T
C  R  U  U  N  Š  O  C  I  N  N  V  L  A
I  O  Z  N  A  O  K  A  N  I  A  O  C  C
K  D  G  C  U  F  S  A  J  B  J  D  I  I
C  A  U  E  W  F  O  T  E  S  C  A  J  J
Č  I  Z  M  E  I  P  R  I  P  R  E  M  A
```

PLANINA	PRIRODA
ŽIVOTINJE	ORIJENTACIJA
OPASNOSTI	PARKOVI
KARTA	KAMENJE
KAMPIRANJE	PRIPREMA
LITICA	VODA
KLIMA	VRIJEME
ČIZME	DIVLJI
UMORNI	SUNCE
KOMARCI	TEŠKA

36 - Ecologie

```
H  Đ  C  E  G  U  H  F  K  L  S  U  Š  A
M  J  F  P  L  A  N  I  N  E  B  V  V  J
U  Z  W  P  O  M  O  R  S  K  I  O  R  O
E  A  S  H  B  O  D  J  O  V  L  L  S  P
V  J  U  S  A  Č  R  C  M  T  J  O  T  S
I  E  Z  H  L  V  Ž  I  A  T  E  N  A  T
R  D  G  K  N  A  I  F  Y  N  S  T  F  A
W  N  F  E  O  R  V  L  A  N  T  E  C  N
F  I  G  Đ  T  A  M  O  A  U  A  R  E  A
R  C  C  W  L  A  O  R  M  B  N  I  K  K
A  E  L  Y  I  F  C  A  F  W  I  A  O  J
P  R  I  R  O  D  A  I  S  M  Š  S  R  U
K  L  I  M  A  Z  H  P  J  I  T  O  P  J
P  R  I  R  O  D  N  O  V  A  E  P  E  M
```

PLANINE	POMORSKI
SUŠA	MOČVARA
ODRŽIV	PRIRODA
FAUNA	PRIRODNO
FLORA	OPSTANAK
ZAJEDNICE	BILJE
GLOBALNO	VRSTA
STANIŠTE	VEGETACIJA
KLIMA	VOLONTERI

37 - Installaties

```
R  B  M  B  G  F  K  O  R  I  J  E  N  S
A  A  A  O  R  Đ  L  I  S  T  R  A  V  A
S  M  H  T  A  M  B  O  B  I  C  A  B  M
T  B  O  A  H  R  C  B  R  Š  L  J  A  N
I  U  V  N  A  P  T  M  W  A  N  G  I  S
T  S  I  I  G  N  O  J  I  V  O  V  B  R
G  G  N  K  V  A  K  A  K  T  U  S  O  K
D  V  A  A  D  O  O  L  L  I  Š  Ć  E  F
C  V  E  G  E  T  A  C  I  J  A  U  Z  F
Đ  V  R  T  M  A  G  M  B  U  E  G  M  S
J  D  I  G  R  M  H  I  D  M  G  T  B  A
T  F  Z  J  S  O  O  U  D  P  T  H  Z  O
E  W  N  Y  E  T  L  V  Đ  C  T  L  F  H
R  H  K  A  Đ  T  D  R  V  O  D  E  I  G
```

BAMBUS	TRAVA
BOBICA	RASTI
LIST	BRŠLJAN
CVIJET	GNOJIVO
DRVO	MAHOVINA
GRAH	BOTANIKA
ŠUMA	GRM
KAKTUS	VRT
FLORA	VEGETACIJA
LIŠĆE	KORIJEN

38 - School #2

```
M A T E M A T I K A D S K M
R J E Č N I K I O L O V K E
I Đ B U Y B T F H Z M P K G
H U Z Č U E O T O P A P I R
V B Z I O L O V K A Ć R A A
I K N T V B N N D F A A K M
K N A E A Y N F L Š Z Č A A
E J N L R U K S A K A U D T
N I O J E J T D K A D N E I
D Ž S T J N A O M R A A M K
O N T B A Đ D M B E Ć L S A
M I E J B V N A J U A O K L
Đ C I P E L E R R J S N I H
H A K N J I Ž E V N O S T W
```

AKADEMSKI
KNJIŽNICA
AUTOBUS
RAČUNALO
GRAMATIKA
DOMAĆA ZADAĆA
KALENDAR
UČITELJ
KNJIŽEVNOST
PAPIR

OLOVKE
OLOVKA
RUKSAK
ŠKARE
CIPELE
VIKENDOM
ZNANOST
MATEMATIKA
RJEČNIK

39 - Oceaan

```
V T W Z J H K I T R A K N J
G R E B E N O A P L I M E E
L I F I R K R B K K O B F G
S V K Z E R A L O L U J A U
H Đ C U J A L F R T F I O L
M I U F A P J D N U N N Y J
M E M H C L A Y J N O I P A
G G D S P U Ž V A A V D C V
I U B U A L G E Č I C G J A
B L J Y Z A V Đ A Č A M A C
O L F W E A K A M E N I C A
M O R S K I P A S C U I K U
W S Š K A M P I C S O L B T
D U P I N R T E J T Y A V C
```

JEGULJA   HOBOTNICA
ALGE   KAMENICA
ČAMAC   GREBEN
DUPIN   KORNJAČA
ŠKAMPI   SPUŽVA
PLIME   OLUJA
MORSKI PAS   TUNA
KORALJA   RIBA
RAK   KIT
MEDUZA   SOL

40 - Landen #2

```
I  N  D  O  N  E  Z  I  J  A  U  J  J  U
O  O  P  L  Đ  N  J  J  R  U  K  C  A  G
N  K  Đ  Đ  K  E  Đ  Y  A  N  A  J  P  A
M  I  W  J  B  P  U  W  V  I  C  D  A  N
A  I  G  F  R  A  N  C  U  S  K  A  N  D
L  R  R  E  G  L  A  O  S  O  Đ  N  Y  A
E  S  Č  T  R  U  O  M  L  M  I  S  M  L
Z  K  K  I  Z  I  K  R  I  A  T  K  E  I
I  A  A  O  Y  G  J  R  B  L  V  A  K  B
J  R  F  P  F  J  Z  A  A  I  C  H  S  E
A  L  S  I  R  I  J  A  N  J  Y  L  I  R
V  V  Z  J  A  M  U  C  O  A  I  H  K  I
Y  O  M  A  B  I  V  C  N  H  L  N  O  J
R  U  S  I  J  A  K  E  N  I  J  A  A  A
```

DANSKA
ETIOPIJA
FRANCUSKA
GRČKA
IRSKA
INDONEZIJA
JAPAN
KENIJA
LAOS
LIBANON

LIBERIJA
MALEZIJA
MEKSIKO
NEPAL
NIGERIJA
UGANDA
UKRAJINA
RUSIJA
SOMALIJA
SIRIJA

41 - Bloemen

```
Y N Đ M B O Ž U R O B H D K
L I L A F U A H K R M J J P
G F W K K Z K V J R Y E E L
T W O R H I D E J A K Z T U
U R T M I B G I T H P H E M
L U A M A S L A Č A K G L E
I Ž L T K J L A T I C A I R
P A G J I L A H O R N R N I
A J E A I N R O H A A D A J
N D A S D L Č N U L R E O A
P S E M T W J I P Đ C N S R
S B T I H D J A C R I I I I
G V L N K R G J N A S J S S
L A V A N D A J E W Đ A K H
```

LATICA
BUKET
GARDENIJA
JASMIN
DJETELINA
LAVANDA
LJILJAN
LILA
TRATINČICA

NARCIS
ORHIDEJA
MASLAČAK
MAK
BOŽUR
PLUMERIJA
RUŽA
TULIPAN

42 - Huisdieren

```
J F N T E L O R Đ R G Z G R
Z N E N H D V I G P E W F E
Đ D O R M B R B Đ P V R S P
O A D I W A A A H W U K H E
B L K K L V T Š P V P T E H
U V O D A E N J A U H B C R
K P R O Z T I P P P B N B Č
K A N D Ž E K N I Š E R W A
R S J M E R C B G D T Z G K
A B A A B I H R A N A E I D
V K Č Č V N F H M A Č E N O
A Y A K F A A K I W E H O E
C G K A W R G U Š T E R L L
O H O S I D L A B G K O Z A
```

VETERINAR	OVRATNIK
KOZA	MIŠ
GUŠTER	PAPIGA
HRČAK	ŠAPE
PAS	ŠTENE
MAČKA	KORNJAČA
MAČE	REP
KANDŽE	RIBA
KRAVA	HRANA
ZEC	VODA

43 - Landschappen

```
O R Š P I L J A Y O R T R R
A T H M N G E J Z I R U B D
Z S O K E S P D O L I N A L
A G I K G Y J L E D I D U V
P I Đ R I J E K A N J R V O
O C E A N E B Z H N J A U D
L W Z H Y Z R Y P H I A L O
U C K B R E D P G Y O N K P
O S O R O R O C P Y I L A A
T U P K U O C E O B Y T N D
O E L E D E N A M O R E O U
K H A S P U S T I N J A T T
E Z Ž M O Č V A R A B G V G
H D A Đ J Đ J V C R W G O V
```

PLANINA
OTOK
GEJZIR
LEDENJAK
ŠPILJA
BRDO
LEDENA
JEZERO
MOČVARA
OAZA

OCEAN
RIJEKA
POLUOTOK
PLAŽA
TUNDRA
DOLINA
VULKAN
VODOPAD
PUSTINJA
MORE

44 - Tuin

```
I  J  H  T  R  A  V  A  J  C  E  Z  Y  T
G  B  O  G  R  A  D  A  C  U  S  H  W  R
Y  R  L  O  Z  A  V  O  Ć  N  J  A  K  A
T  E  R  A  S  A  V  G  F  M  E  J  G  M
K  N  I  Y  T  K  W  N  R  P  R  K  I  P
A  J  B  L  I  R  R  K  J  M  A  O  H  O
O  S  N  N  J  B  H  L  G  A  V  R  T  L
A  C  J  A  E  V  Z  U  C  A  K  O  V  I
S  J  A  Y  N  M  M  P  V  T  R  V  D  N
E  R  K  G  E  J  H  A  I  B  M  A  B  J
C  R  I  J  E  V  O  D  J  E  R  V  Ž  C
G  R  A  B  L  J  E  R  E  R  Đ  I  V  A
V  I  S  E  Ć  A  R  V  T  I  Y  D  G  N
V  H  M  Z  T  Y  L  O  P  A  T  A  V  F
```

KLUPA	KOROV
CVIJET	STIJENE
DRVO	LOPATA
VOĆNJAK	CRIJEVO
GARAŽA	GRM
TRAVNJAK	TERASA
TRAVA	TRAMPOLIN
VISEĆA	VRT
GRABLJE	RIBNJAK
OGRADA	LOZA

45 - Katten

```
Y  R  L  U  D  I  V  L  J  I  W  Z  C  K
W  A  O  T  T  C  I  T  M  I  Š  N  J  Đ
E  Z  V  S  M  I  J  E  Š  N  O  A  Đ  G
O  I  A  J  O  V  H  P  M  O  B  T  P  D
L  G  C  N  W  B  Z  V  W  Y  V  I  R  A
L  R  Z  E  W  G  N  J  C  M  S  Ž  K  C
A  A  H  Z  N  U  Z  O  O  A  T  E  A  C
U  N  Z  A  O  Z  Z  F  S  B  I  L  N  Z
P  V  J  V  K  R  Z  N  O  T  D  J  D  A
P  B  W  I  P  R  E  Đ  A  W  L  A  Ž  I
W  R  K  S  P  A  V  A  T  I  J  N  A  S
Z  Z  W  N  R  A  U  G  H  W  I  P  B  K
U  O  M  A  L  E  N  Đ  S  W  V  C  P  V
F  R  D  Đ  V  N  P  N  O  P  M  J  K  Đ
```

KRZNO	NEZAVISNA
PREĐA	OSOBNOST
LUD	ŠAPA
SMIJEŠNO	SPAVATI
LOVAC	BRZO
KANDŽA	RAZIGRAN
MALEN	REP
MIŠ	STIDLJIV
ZNATIŽELJAN	DIVLJI

46 - Beroepen #2

```
R  J  E  Z  I  K  O  S  L  O  V  A  C  E
K  I  D  Z  R  P  I  L  O  T  S  S  D  I
N  L  S  O  D  Y  E  R  V  R  T  L  A  R
J  N  U  O  T  R  H  J  U  C  P  I  U  I
I  W  Č  L  R  R  M  J  I  R  C  K  H  S
Ž  S  I  O  T  K  F  U  Đ  R  G  A  J  O
N  D  T  G  S  B  I  O  L  O  G  R  B  E
I  E  E  R  I  L  U  S  T  R  A  T  O  R
Č  T  L  D  A  A  S  T  R  O  N  A  U  T
A  E  J  R  Y  Ž  B  R  P  F  G  D  W  Z
R  K  A  R  F  P  I  Z  U  B  A  R  S  L
F  T  O  K  C  B  O  V  Z  Y  L  Đ  A  Z
F  I  L  O  Z  O  F  S  A  D  Y  L  I  F
M  V  N  O  V  I  N  A  R  Č  Đ  I  F  W
```

ASTRONAUT
KNJIŽNIČAR
BIOLOG
KIRURG
DETEKTIV
FILOZOF
FOTOGRAF
ILUSTRATOR
NOVINAR

UČITELJ
JEZIKOSLOVAC
ISTRAŽIVAČ
PILOT
SLIKAR
ZUBAR
VRTLAR
ZOOLOG

47 - Komedie

```
P G L U M A C Đ R O I I W Š
B L P A R O D I J A M Z D A
L J J J H P L L C W P R E L
S P Ž E P S U D K D R A T E
S G P A S Đ Z R L M O Ž E O
B L A K N A O P C E V A L D
H U M O R R K U S M I J E H
A M E J B A L B M Z Z A V L
B I T H B O A L I A A N I S
V C A O N U U I J B C W Z H
V A N T N M N K E A I G I D
D W I C T B O A Š V J C J B
M A R H O W V C N A A O A V
I O I A G B I V O M B S Z Đ
```

GLUMAC
GLUMICA
PLJESAK
KLAUNOVI
IZRAŽAJAN
SMIJEH
ŽANR
ŠALE

SMIJEŠNO
HUMOR
IMPROVIZACIJA
PARODIJA
ZABAVA
PUBLIKA
PAMETAN
TELEVIZIJA

48 - Dagen en Maanden

```
P O N E D J E L J A K T Č S
N E D J E L J A C R J R E R
N O J B K O L O V O Z I T I
T C M O V K Ž Đ B B S G V J
P E T A K S T U D E N I R E
G L S R Y V E L J A Č A T D
O I I U S I J E Č A N J A A
D P E S B H I T F R K L K M
I A A U T O R A K Y G R S J
N N L D Đ O T J E D A N W E
A J Y H S R P A N J U W N S
T D G L O Y P A R U J A N E
K A L E N D A R D K C Z E C
F Đ Đ G S I L A W T T N W W
```

KOLOVOZ

UTORAK

ČETVRTAK

VELJAČA

GODINA

SIJEČANJ

SRPANJ

LIPANJ

KALENDAR

MJESEC

PONEDJELJAK

OŽUJAK

STUDENI

LISTOPAD

RUJAN

PETAK

TJEDAN

SRIJEDA

SUBOTA

NEDJELJA

49 - Beeldende Kunsten

```
P O R T R E T H L U O U R V
E G L I N A O S M R B G E O
R S K U L P T U R A F L M S
S A L F A A L L Z E S J E A
P I J I K R E D A G T E K K
E V W L K C U Z C P A N D P
K U M M K A H M H J L S J K
T S O L O V K A J S A R E E
I N A I V G M T A E K G L R
V T J S Đ U A R G N T J O A
A Z H V T A I I Y C Đ N C M
C B A M Z A C C B Z O I I I
B M W H O I V A M Z O W G K
A R H I T E K T U R A M V A
```

ARHITEKTURA
UMJETNIK
SKULPTURA
STALAK
FILM
UGLJEN
KERAMIKA
GLINA
KREDA

REMEK-DJELO
PERSPEKTIVA
PORTRET
OLOVKA
SASTAV
SLIKA
MATRICA
LAK
VOSAK

50 - Menselijk Lichaam

```
M  Ž  N  V  Z  K  M  P  T  F  Đ  P  Č  P
T  N  E  G  M  O  Z  A  K  U  H  O  E  Y
T  H  K  L  R  Ž  J  J  O  R  T  G  L  U
Z  U  N  E  U  A  H  K  L  W  J  S  J  N
V  Y  V  Ž  K  D  A  W  J  A  N  P  U  P
R  A  U  A  A  A  V  E  U  K  V  S  R
L  Y  B  N  W  J  Y  C  N  S  N  A  T  S
J  C  R  J  E  Z  I  K  O  T  P  O  T  T
V  R  A  T  Đ  Y  F  J  R  A  W  T  G  L
A  Z  D  R  T  V  Đ  O  U  K  Đ  H  N  A
G  L  A  V  A  R  A  M  E  K  R  V  O  K
A  R  S  G  L  B  N  S  R  C  E  N  S  C
G  W  A  J  H  O  Y  E  L  E  O  O  C  Y
K  G  T  A  D  Z  V  P  T  G  U  M  E  F
```

NOGA	BRADA
KRV	KOLJENO
LAKAT	ŽELUDAC
GLEŽANJ	USTA
RUKA	VRAT
SRCE	NOS
MOZAK	UHO
GLAVA	RAME
KOŽA	JEZIK
ČELJUST	PRST

51 - Familie

```
V F U R C Đ B T Đ V N D B M
N D T W F K P L N P G J A V
M O J S W Ć Z E M U Ž E K H
C Č I I P I U C A J U T A O
U I N E Ć A K L J A N I K T
P N W N B G F Y K K U N V A
S S U P R U G A A V Č J G C
E K C K A I R P P L E S Y I
S I C B T B J W R B Y T H G
T K M D I J E T E T V V C C
R E N P J G A G D A Z O W V
A I T S F E T L A D J E C A
T J O K I A D E K O M I T H
Y N E Ć A K I N J A R A D D
```

BRAT
KĆI
BAKA
DJETINJSTVO
DIJETE
DJECA
UNUČE
UNUK
MUŽ
MAJKA

NEĆAK
NEĆAKINJA
UJAK
DJED
TETKA
OTAC
OČINSKI
PREDAK
SUPRUGA
SESTRA

52 - Gebouwen

```
S  K  A  B  I  N  A  G  S  Š  L  K  K  S
V  I  B  O  L  N  I  C  A  C  A  D  Š  U
E  N  S  B  B  P  H  I  T  R  V  T  K  P
U  O  N  P  H  O  U  I  B  S  A  Z  O  E
Č  T  V  O  R  N  I  C  A  Đ  Đ  Ž  L  R
I  Z  V  J  E  Z  D  A  R  N  I  C  A  M
L  V  L  B  V  Đ  H  E  S  I  N  Đ  G  A
I  S  T  A  D  I  O  N  A  S  K  P  P  R
Š  S  O  P  V  E  T  A  O  P  T  F  U  K
T  O  R  A  N  J  E  D  V  O  R  A  C  E
E  C  K  A  Z  A  L  I  Š  T  E  R  N  T
L  A  B  O  R  A  T  O  R  I  J  M  D  W
Y  G  L  A  C  V  V  D  K  S  T  A  J  A
U  P  G  C  M  U  Z  E  J  E  A  C  O  G
```

STAN	ZVJEZDARNICA
KINO	ŠKOLA
FARMA	STAJA
KABINA	STADION
TVORNICA	SUPERMARKET
GARAŽA	ŠATOR
HOTEL	KAZALIŠTE
DVORAC	TORANJ
LABORATORIJ	SVEUČILIŠTE
MUZEJ	BOLNICA

53 - Kunst

```
Đ  Đ  S  O  Z  V  O  K  Z  G  E  M  G  K
Z  P  A  S  S  T  V  O  R  I  T  I  K  B
V  R  S  J  I  N  S  M  F  K  A  N  Y  K
S  E  T  D  M  A  G  P  O  E  Z  I  J  A
B  D  A  U  B  D  B  L  C  R  J  Z  E  Y
B  M  V  Z  O  R  O  E  A  A  S  V  D  N
Z  E  F  S  L  E  S  K  U  M  K  O  N  A
Z  T  G  K  U  A  O  S  F  I  U  R  O  D
S  L  I  K  E  L  B  Y  O  Č  L  N  S  A
O  V  U  Z  E  I  N  Y  D  K  P  I  T  H
F  W  D  Đ  R  Z  I  N  J  I  T  K  A  N
V  I  D  N  I  A  B  G  V  C  U  Y  V  U
E  I  T  N  L  M  Z  A  U  J  R  I  A  T
E  Y  P  I  S  K  R  E  N  V  A  N  N  P
```

SKULPTURA	OSOBNI
KOMPLEKS	POEZIJA
STVORITI	SASTAV
JEDNOSTAVAN	SLIKE
ISKREN	NADREALIZAM
NADAHNUT	SIMBOL
KERAMIČKI	IZRAZ
PREDMET	VIDNI
IZVORNIK	

54 - Beroepen #1

```
O  M  P  Z  W  V  Z  D  Z  T  A  L  U  F
P  S  H  L  F  C  K  O  C  P  S  I  R  F
O  M  A  A  E  L  O  V  A  C  T  J  E  L
D  E  W  T  T  S  K  W  I  J  R  E  D  I
V  H  B  A  N  K  A  R  Đ  N  O  Č  N  T
J  A  U  R  O  M  R  Č  R  J  N  N  I  G
E  N  T  G  I  S  T  S  I  W  O  I  K  E
T  I  N  R  V  R  O  C  P  C  M  K  P  O
N  Č  Z  Y  O  L  G  J  W  O  A  V  P  L
I  A  O  C  O  G  R  T  M  N  R  Y  A  O
K  R  L  J  E  K  A  R  N  I  K  T  S  G
E  H  Đ  L  L  K  F  S  J  S  P  J  A  I
P  I  J  A  N  I  S  T  A  B  R  E  H  Š
A  M  B  A  S  A  D  O  R  C  V  K  F  N
```

ODVJETNIK	PLESAČICA
AMBASADOR	LIJEČNIK
LJEKARNIK	UREDNIK
ASTRONOM	GEOLOG
SPORTAŠ	LOVAC
BANKAR	ZLATAR
VATROGASAC	MEHANIČAR
KARTOGRAF	PIJANIST

55 - Kastelen

```
H  J  K  A  T  P  J  Đ  D  O  O  P  P  N
M  E  R  Z  I  D  A  I  I  M  K  R  L  Đ
Z  D  A  K  F  C  T  L  N  U  L  I  E  E
G  N  L  L  L  M  A  Č  A  S  O  N  M  Z
T  O  J  V  C  O  M  C  S  Č  P  C  E  M
O  R  E  S  U  C  N  E  T  J  A  E  N  K
R  O  V  P  K  A  I  K  I  P  Đ  Z  I  R
A  G  S  Z  Z  R  C  P  J  R  R  A  T  U
N  Đ  T  M  U  S  A  V  A  Y  Đ  I  I  N
J  Z  V  A  Š  T  I  T  I  Y  T  E  N  A
W  B  O  J  V  V  E  C  D  T  G  I  R  C
K  H  N  N  K  O  N  J  K  Đ  E  Đ  L  D
K  A  T  A  P  U  L  T  C  E  F  Z  Y  U
I  P  T  Z  H  G  F  E  U  D  A  L  N  I
```

ZMAJ
DINASTIJA
PLEMENITI
JEDNOROG
FEUDALNI
OKLOP
KATAPULT
TAMNICA
KRALJEVSTVO
KRUNA

ZID
KONJ
PALAČA
PRINC
PRINCEZA
VITEZ
CARSTVO
ŠTIT
TORANJ
MAČ

56 - Insecten

```
S T D W K V M J F D I I B V
B K R N F S F W P U W H Đ G
O O A V I L I N K O N J I C
G M M K V B Ž B K G Y E G V
O A C A A D O U O A N S U R
M R A V B V H H T B U B A Č
O A C W D P A A S S L O Z A
L C L G U Z R C L T I M S K
J R L I A I C K A R S O R A
K V E H V Đ G K R Š N L I G
A Đ P Č E L A S V L E J P B
J S T E R M I T A J U A J G
G O I C W W W Y Đ E Š C H E
Y N R U E C Đ H V N I L R I
```

BOGOMOLJKA	MRAV
PČELA	MOLJAC
LISNE UŠI	KOMARAC
CVRČAK	SKAKAVAC
STRŠLJEN	TERMIT
ŽOHAR	LEPTIR
BUBA	BUHA
LARVA	OSA
VILIN KONJIC	CRV

57 - Antarctica

```
T  K  I  G  M  P  O  L  U  O  T  O  K  Z
E  O  U  F  A  I  O  B  L  A  C  I  P  N
M  N  T  O  P  O  G  R  A  F  I  J  A  A
P  Z  I  P  G  N  Z  R  P  S  R  C  O  N
E  E  L  S  I  V  T  I  A  F  H  L  T  S
R  R  E  O  T  N  R  H  V  C  F  G  O  T
A  V  D  K  A  R  G  B  G  W  I  W  C  V
T  A  E  V  B  Y  A  V  O  D  A  J  I  E
U  C  N  K  L  M  P  Ž  I  H  I  Y  A  N
R  I  J  E  K  O  N  T  I  N  E  N  T  L
A  J  A  S  T  J  E  N  O  V  I  T  A  E
L  A  C  Z  A  L  J  E  V  D  A  R  Y  D
I  W  I  M  I  N  E  R  A  L  I  Č  L  F
F  J  V  O  K  O  L  I  Š  I  S  M  J  K
```

ZALJEV	ISTRAŽIVAČ
KONZERVACIJA	PINGVINI
KONTINENT	STJENOVITA
OTOCI	POLUOTOK
LEDENJACI	TEMPERATURA
LED	TOPOGRAFIJA
MIGRACIJA	VODA
MINERALI	ZNANSTVEN
OKOLIŠ	OBLACI

58 - Ballet

```
I  Z  R  A  Ž  A  J  A  N  N  O  V  E
N  E  U  V  M  R  P  W  Đ  V  N  R  J  A
T  V  Y  T  I  I  L  K  E  U  L  K  G  F
E  E  J  U  Š  T  E  C  G  M  G  E  R  S
N  B  H  S  I  A  S  P  L  J  E  S  A  K
Z  P  A  N  Ć  M  A  R  A  E  S  T  C  L
I  J  U  L  I  R  Č  A  Z  T  T  A  I  A
T  J  Z  B  E  K  I  K  B  N  A  R  O  D
E  K  Đ  B  L  R  A  S  A  I  K  Y  Z  A
T  O  K  R  W  I  I  A  C  Č  S  U  A  T
P  R  O  B  A  L  K  N  T  K  S  S  N  E
A  G  N  H  P  C  V  A  A  I  T  W  F  L
L  K  O  R  E  O  G  R  A  F  I  J  A  J
C  D  V  J  E  Š  T  I  N  A  L  J  R  C
```

PLJESAK
UMJETNIČKI
BALERINA
KOREOGRAFIJA
SKLADATELJ
PLESAČI
IZRAŽAJAN
GESTA
INTENZITET
GLAZBA

ORKESTAR
PRAKSA
PUBLIKA
PROBA
RITAM
GRACIOZAN
MIŠIĆI
STIL
TEHNIKA
VJEŠTINA

59 - Vissen

```
K U Č B J T U K J U P P Č M
P P L A Ž A P O Š K R G E Y
T E O L M O C E A N E K L B
J U R P A A Z C M F T U J S
Đ N Y A R V C V A N J K U E
Đ H H O J E Z E R O E A S Z
M A M A C E M T N Z R V T O
K O Š A R A C A F N I O J N
K U H A T I Ž I C A V D E A
S G W U G J S H F W A A M B
V R H L Đ U C O U V N J L J
Z A P H G K U O R I J E K A
P A T W S T R P L J E N J E
R M F Đ N E W T E Ž I N A J
```

MAMAC
OPREMA
ČAMAC
ŽICA
STRPLJENJE
TEŽINA
KUKA
ČELJUST
ŠKRGE
KUHATI

KOŠARA
JEZERO
OCEAN
PRETJERIVANJE
RIJEKA
SEZONA
PLAŽA
PERAJE
VODA

60 - Fruit

```
K  L  K  B  Đ  N  M  J  F  O  L  A  N  E
R  H  B  P  O  O  A  I  L  S  M  V  A  U
U  O  R  A  S  B  D  I  N  J  A  O  R  D
Š  E  B  P  M  L  I  M  U  N  L  K  A  R
K  U  R  A  O  B  W  C  R  K  I  A  N  M
A  T  E  J  K  G  A  F  A  I  N  D  Č  K
J  R  S  A  V  R  B  N  N  V  A  O  A  O
J  E  K  O  A  O  E  K  A  I  N  Đ  L  K
B  Š  V  I  L  Ž  I  I  N  N  B  W  J  O
G  N  A  V  O  Đ  F  M  A  N  A  G  A  S
E  J  D  N  P  E  T  G  S  T  S  Đ  B  T
M  A  R  E  L  I  C  A  A  H  A  K  U  B
A  V  Š  L  J  I  V  A  H  N  A  U  K  G
D  S  E  Y  E  I  M  A  N  G  O  Z  A  I
```

MARELICA	KIVI
ANANAS	KOKOS
JABUKA	MANGO
AVOKADO	DINJA
BANANA	NARANČA
BOBICA	PAPAJA
LIMUN	KRUŠKA
GROŽĐE	BRESKVA
MALINA	ŠLJIVA
TREŠNJA	SMOKVA

61 - Literatuur

```
H  F  I  E  H  A  M  E  T  A  F  O  R  A
Đ  P  J  E  S  N  I  Č  K  I  H  S  J  L
M  J  V  N  S  A  V  K  U  M  B  M  P  Z
F  L  Z  J  H  L  R  A  U  B  J  A  J  G
P  N  W  S  G  I  C  N  D  L  P  U  E  Z
E  S  L  E  C  Z  A  A  W  O  V  W  S  U
A  U  T  O  R  A  K  L  R  I  T  A  M  S
N  W  D  I  J  A  L  O  G  O  K  Y  A  P
E  L  Z  P  L  K  P  G  E  W  M  T  M  O
G  T  R  A  G  E  D  I  J  A  H  A  U  R
D  A  F  I  K  C  I  J  A  M  Đ  J  N  E
O  Đ  T  E  M  A  D  A  W  Y  Y  Y  K  D
T  I  Y  Y  Z  A  K  L  J  U  Č  A  K  B
A  R  B  I  O  G  R  A  F  I  J  A  C  A
```

ANALOGIJA	METAFORA
ANALIZA	PJESNIČKI
ANEGDOTA	RIMA
AUTOR	RITAM
BIOGRAFIJA	ROMAN
ZAKLJUČAK	STIL
DIJALOG	TEMA
FIKCIJA	TRAGEDIJA
PJESMA	USPOREDBA

62 - Technologie

```
D I D V S T A T I S T I K A
A N Y I D I W Z W B G K S V
T T M W G J G Đ A L G U O R
O E W E I I E U O O E R F A
T R N Z M U T K R G B S T Č
E N P O R U K A P N G O V U
K E V I R U S M L O O R E N
A T N U T H B E H N D S R A
B A J T O V I R R B I A T L
S F S O L I Z A S L O N C O
V I R T U A L A N U O Đ V I
P R E G L E D N I K N S F D
A G I S T R A Ž I V A N J E
I W Z C S J D C P I Z H T E
```

PORUKA
DATOTEKA
BLOG
PREGLEDNIK
BAJTOVI
KAMERA
RAČUNALO
KURSOR
DIGITALNI

PODACI
INTERNET
ISTRAŽIVANJE
ZASLON
SOFTVER
STATISTIKA
SIGURNOST
VIRTUALAN
VIRUS

63 - Boeken

```
A U T O R E D E Đ L R D N W
V V L S T R A N I C A U A D
I R A Č I T A Č D U A A P U
R E P N S C Z M P D V L I P
C O L I T E R A R N I N S O
T T M H T U T H I S M O A V
F P G A U A R R Č P L S N I
K P P J N B P A A B K T I J
Z K O N T E K S T G D K D E
B G E N I D U H O V I T W S
I N Z N P J E S M A M Č M N
R H I R U Z M T C O Y Z N I
K H J R E L E V A N T A N O
A Đ A I N V E N T I V N I U
```

AUTOR	DUHOVIT
AVANTURA	INVENTIVNI
STRANICA	ČITAČ
ZBIRKA	LITERARNI
KONTEKST	POEZIJA
DUALNOST	RELEVANTAN
EP	ROMAN
PJESMA	TRAGIČNO
NAPISAN	PRIČA
POVIJESNI	

64 - Meer Informatie

```
P B V G T D R O B O T I S S
R R A A A E I R S R M P V C
O T T L J U Z S E U W D I E
R E R A A K A K T A M H J N
O H A K N S M J N O L J E A
Č N P S S Y I V N J P N T R
I O Đ I T Y Š O S C I I O I
Š L P J V N L Đ P V E G J J
T O L A E J J A G J A J E A
E G A K N Đ E U T O P I J A
K I N O I O N I L U Z I J A
U J E E K S P L O Z I J A Đ
E A T F A N T A S T I Č A N
K R A J N O S T D Y J U Đ A
```

KINO	PROROČIŠTE
KNJIGE	PLANETA
VATRA	REALNO
ZAMIŠLJEN	ROBOTI
DISTOPIJA	SCENARIJ
EKSPLOZIJA	GALAKSIJA
KRAJNOST	TEHNOLOGIJA
FANTASTIČAN	UTOPIJA
ILUZIJA	SVIJET
TAJANSTVENI	

65 - Regenwoud

```
O K K S U M Đ O V W S I J B
Č L U I T T A N S K A R T O
U I K S O U Y H I K V W P T
V M C A Č S N K O C P D G A
A A I V I B V T B V R Ž O N
N H Z C Š Z Z S N O I U B I
J H R I T B T O O A R N L Č
E Y F C E Đ K G V G O G A K
O P S T A N A K A C D L C I
A U T O H T O N O S A A I Y
V R I J E D A N V R S T A E
N B Z A J E D N I C A J L A
P O Š T O V A N J E I K D G
S A P B P T I C E S O I C Y
```

OČUVANJE   OPSTANAK
BOTANIČKI   POŠTOVANJE
ZAJEDNICA   OBNOVA
AUTOHTONO   VRSTA
KUKCI   UTOČIŠTE
DŽUNGLA   PTICE
KLIMA   VRIJEDAN
MAHOVINA   OBLACI
PRIRODA   SISAVCI

66 - Haartypes

```
I  W  J  D  Y  M  M  R  Y  E  W  W  D  F
V  P  Z  I  S  N  Z  M  T  O  I  M  S  P
T  A  N  A  K  S  W  C  Z  P  F  W  I  K
S  P  L  A  V  U  Š  A  D  U  G  O  V  P
J  P  A  O  U  H  Z  T  R  E  Z  Đ  A  J
N  L  Y  E  V  O  K  C  A  S  M  E  Đ  Đ
Ć  E  L  A  V  I  K  O  V  R  Č  A  V  A
S  T  R  K  J  Z  T  P  L  E  T  E  N  A
R  E  M  O  S  K  R  A  T  A  K  G  A  F
E  N  S  V  D  M  L  R  E  K  S  L  Đ  D
B  I  O  R  C  E  N  M  E  K  A  N  M  Y
R  C  R  Č  N  R  B  I  J  E  L  I  F  A
O  E  J  E  G  A  N  E  I  C  M  T  W  Y
O  S  J  A  J  A  N  A  O  N  F  A  U  R
```

PLAVUŠA	ĆELAV
SMEĐ	KRATAK
DEBEO	KOVRČE
SUHO	KOVRČAVA
TANAK	DUGO
PLETENA	PLETENICE
ZDRAV	BIJELI
SJAJAN	MEKAN
VALOVITA	SREBRO
SIVA	CRNA

67 - Stad

```
B Z H O T E L C V J E Ć A R
O O O E Đ J V J L M B R B S
G B K O R P R P E K A R A U
J Đ L N L K R K V K L Y N P
B S H B V O Š K O L A T K E
G T V M S Đ Š H L W P R A R
K A F U G U L K J H P D N M
L D L Z P K N J I Ž N I C A
I I Đ E O L L T D V T E H R
N O N J R M M J D U R U M K
I N S R O I K I N O V T G E
K H J K K N J I Ž A R A N T
A Y R E K A Z A L I Š T E W
S V E U Č I L I Š T E O U Đ
```

LJEKARNA
PEKARA
BANKA
KNJIŽNICA
KINO
CVJEĆAR
KNJIŽARA
ZOOLOŠKI VRT
GALERIJA

HOTEL
KLINIKA
MUZEJ
ŠKOLA
STADION
SUPERMARKET
KAZALIŠTE
SVEUČILIŠTE

68 - Natuur

```
D  L  J  M  B  V  F  P  F  U  N  B  A  Ž
S  I  J  A  R  V  L  G  Č  M  O  O  R  I
K  E  N  E  W  T  Z  D  O  E  B  S  K  V
L  U  O  A  P  O  P  H  T  R  L  V  T  O
O  G  N  K  M  O  N  E  P  O  A  E  I  T
N  L  E  W  B  I  T  A  N  Z  C  T  K  I
I  P  W  M  F  T  Č  A  G  I  I  I  T  N
Š  U  M  A  D  I  C  A  I  J  H  Š  R  J
T  S  H  M  I  P  D  M  N  A  D  T  O  E
E  T  V  A  R  I  J  E  K  A  E  P  V
G  I  H  G  L  E  D  E  N  J  A  K  S  N
B  N  S  L  J  L  I  Š  Ć  E  W  S  K  C
D  J  G  A  I  P  L  A  N  I  N  E  I  S
W  A  S  P  O  K  O  J  A  N  V  F  N  K
```

ARKTIK	MAGLA
PLANINE	RIJEKA
PČELE	LJEPOTA
ŠUMA	SKLONIŠTE
ŽIVOTINJE	SPOKOJAN
DINAMIČAN	TROPSKI
EROZIJA	BITAN
LIŠĆE	DIVLJI
LEDENJAK	PUSTINJA
SVETIŠTE	OBLACI

69 - Dinosaurussen

```
B  M  Z  T  M  D  R  Z  J  Y  D  J  J  Đ
O  I  E  P  G  P  I  V  M  O  R  F  N  J
D  N  L  S  N  A  Ž  A  N  M  A  M  U  T
N  V  V  J  O  E  V  O  L  U  C  I  J  A
K  E  R  F  O  Ž  Đ  Đ  S  Z  D  R  G  G
R  L  S  F  E  J  D  S  V  E  J  E  D  M
I  I  T  T  E  E  E  E  Z  M  M  P  R  A
L  K  A  Đ  A  L  Y  D  R  L  N  N  K  Z
A  I  W  V  I  N  P  L  I  J  E  N  W  L
Đ  O  G  R  O  M  A  N  A  A  C  Đ  C  A
F  O  S  I  L  I  Đ  K  C  A  V  K  L  K
P  R  A  P  O  V  I  J  E  S  N  I  P  U
C  V  V  E  L  I  Č  I  N  A  Z  Đ  T  G
Z  A  Č  A  R  A  N  I  H  U  R  D  J  E
```

ZEMLJA	SVEJED
MESOŽDER	PRAPOVIJESNI
OGROMAN	PLIJEN
EVOLUCIJA	GMAZ
FOSILI	VRSTA
VELIKI	REP
VELIČINA	NESTANAK
BILJOJEDI	ZAČARANI
SNAŽAN	KRILA
MAMUT	

70 - Zoogdieren

```
Ž  L  M  A  G  A  R  A  C  S  P  L  S  G
V  I  M  A  J  M  U  N  T  L  L  A  V  O
U  S  R  O  B  K  K  O  J  O  T  C  S  R
K  I  C  A  K  L  O  K  A  N  P  M  S  I
H  C  Đ  M  F  P  N  M  A  Č  K  A  Z  L
D  A  E  K  V  A  J  K  K  W  I  P  Z  A
W  Z  Z  C  A  Z  L  J  F  G  T  B  B  A
D  E  V  A  S  S  F  R  O  L  Z  Y  L  Z
U  C  P  V  C  D  A  B  A  R  T  N  F  H
P  O  E  P  Z  E  G  S  B  Y  C  D  Z  H
I  T  O  U  C  F  M  N  M  I  U  U  J  V
N  P  V  V  M  D  I  G  M  U  K  O  Z  A
Đ  P  K  V  S  U  F  R  R  P  W  A  I  E
E  G  M  V  Z  A  M  K  E  A  N  M  M  J
```

MAJMUN	KLOKAN
DABAR	MAČKA
KOJOT	ZEC
DUPIN	LAV
MAGARAC	SLON
KOZA	KONJ
ŽIRAFA	BIK
GORILA	LISICA
PAS	KIT
DEVA	VUK

71 - 1 Jaar Geleden

```
Š  V  K  R  K  T  S  R  T  S  H  N  S  V
N  A  O  D  L  U  Č  N  O  M  J  O  W  E
E  I  R  U  M  J  E  T  N  I  Č  K  I  L
Z  N  I  M  U  T  Z  E  U  J  F  U  P  I
A  T  S  L  A  U  N  F  H  E  G  S  A  K
V  E  T  N  K  N  A  I  Z  Š  P  K  C  O
I  L  A  P  D  V  T  K  T  N  R  R  I  D
S  I  N  C  P  J  I  A  J  O  A  O  J  U
N  G  P  B  F  W  Ž  S  N  W  K  M  E  Š
A  E  T  M  D  T  E  A  D  T  T  A  N  A
O  N  B  B  U  O  L  N  O  J  I  N  T  N
G  T  L  P  Z  D  J  U  B  M  Č  I  S  T
S  A  P  S  T  R  A  S  A  N  A  L  N  Y
M  N  Đ  Z  W  F  N  R  R  P  N  W  A  H
```

UMJETNIČKI
KORISTAN
SKROMAN
ODLUČNO
ŠARMANTAN
EFIKASAN
STRASAN
DOBAR
SMIJEŠNO

VELIKODUŠAN
INTELIGENTAN
ZNATIŽELJAN
NEZAVISNA
PACIJENT
PRAKTIČAN
ČIST
MUDAR

72 - Exploratie

```
K  P  D  K  O  O  P  A  S  A  N  H  J  I
T  U  I  N  E  P  O  Z  N  A  T  E  E  S
E  T  L  Z  H  R  A  B  R  O  S  T  Z  C
R  O  H  T  W  O  B  S  E  T  T  R  I  R
E  V  R  R  U  K  D  B  N  D  G  G  K  P
N  A  F  K  P  R  O  S  T  O  R  I  A  L
B  T  F  L  B  E  E  M  E  L  S  V  J  J
Ž  I  V  O  T  I  N  J  E  N  J  T  M  E
N  F  J  O  D  L  U  Č  N  O  S  T  I  N
V  Z  G  R  U  U  J  D  J  V  Y  V  B  O
P  S  U  A  P  Č  U  Y  E  O  V  I  P  S
F  K  V  G  B  N  I  D  I  V  L  J  I  T
Y  W  F  J  H  A  K  T  I  V  N  O  S  T
O  T  K  R  I  Ć  E  V  I  R  Đ  T  D  P
```

AKTIVNOST	NEPOZNAT
ODLUČNOST	OTKRIĆE
KULTURE	PUTOVATI
ŽIVOTINJE	PROSTOR
OPASAN	JEZIK
OPASNOSTI	TEREN
UČITI	ISCRPLJENOST
HRABROST	DIVLJI
NOVO	

73 - Voertuigen

```
F  Z  A  T  T  Z  G  N  R  T  G  G  H  P
K  R  A  T  A  J  L  Y  A  A  H  M  I  O
O  A  U  T  O  B  U  S  K  K  D  H  T  D
M  K  T  B  L  C  T  P  E  S  M  H  N  M
B  O  O  S  I  N  F  L  T  I  G  E  A  O
I  P  M  K  H  C  M  A  A  K  U  L  P  R
K  L  O  U  K  U  I  V  K  M  M  I  O  N
A  O  B  T  A  N  G  K  T  J  E  K  M  I
M  V  I  E  R  E  I  F  L  D  U  O  O  C
I  L  L  R  A  T  M  O  T  O  R  P  Ć  A
O  A  P  O  V  Č  A  M  A  C  C  T  N  G
N  K  G  R  A  P  Đ  Y  K  T  H  E  K  I
M  H  P  O  N  P  B  J  B  O  C  R  P  P
T  R  A  K  T  O  R  T  R  A  J  E  K  T
```

HITNA POMOĆ	PODMORNICA
AUTOMOBIL	RAKETA
GUME	SKUTER
KOMBI	TAKSI
ČAMAC	TRAKTOR
AUTOBUS	VLAK
KARAVAN	TRAJEKT
BICIKL	ZRAKOPLOV
HELIKOPTER	SPLAV
MOTOR	KAMION

74 - Geografie

```
M E R I D I J A N H O R H U
M S R R B N U U A P Y P M P
V V M R L V O L G G H G B Š
S I A P V F F Y B C O L M I
Z J T L T F M O R E C N U R
E E L A K O N T I N E N T I
M T A N Z A A O J E A W I N
L R S I B A R K E K N G K A
J E I N F V P T K V B D P K
A G R A D P G A A A Y C V Y
V I S I N A F Đ D T I P E K
S J E V E R K C T O H A O J
I A H E M I S F E R A D L O
I A A Z J C T D K M Đ I O L
```

ATLAS

PLANINA

ŠIRINA

KONTINENT

OTOK

EKVATOR

HEMISFERA

VISINA

KARTA

ZEMLJA

MERIDIJAN

SJEVER

OCEAN

REGIJA

RIJEKA

GRAD

SVIJET

ZAPAD

MORE

JUG

75 - Kunstbenodigdheden

```
P L K I Z J V B J D D K I U
A Z J Č Y N U N O U U B D G
P K B E R B S Y Z U E L E L
I S Y T P R T Đ R Z S K J J
R S Đ K L I O T I N T A E E
D K T E C S L B A Z O M L N
B G T A T A I O K O L E M A
V O D A L Č C J R Z N R O Z
S O R C F A A E I P U A L A
G L I N A T K P L W W C O L
K R E A T I V N O S T B V N
Đ I I S I W J D O W W R K I
D F A S L D D Y Đ V N Đ E K
Z P D G Z B B A R C G Đ L P
```

AKRIL
ČETKE
KAMERA
KREATIVNOST
STALAK
BRISAČ
UGLJEN
IDEJE
TINTA

GLINA
BOJE
LJEPILO
ULJE
PAPIR
OLOVKE
STOLICA
STOL
VODA

76 - Barbecues

```
L B V P Z W S Đ U U S Đ O S
J F R O T R A Đ M H A V B Đ
E P U Z G O V U A C L G I U
T I Ć I I Š V E K S A L T D
O L E V W T H A Č L T A E E
B E I J I L U K E E Z L M
O T H K G L A D S Đ R B J Y
P I B G T J I E O C W A R Đ
E N O Ž E V I C L R U Č A K
Y A P A P A R T E Y J H J V
U M W O K A J Đ N R Z L Č G
P O V R Ć E F G Y T A D I P
V O Ć E M I K D R F A M C A
J E T S S B W Đ U H W Đ E G
```

VEČERA	GLAZBA
OBITELJ	PAPAR
VOĆE	SALATE
ROŠTILJ	UMAK
POVRĆE	RAJČICE
VRUĆE	LUK
GLAD	POZIV
PILETINA	VILICE
RUČAK	LJETO
NOŽEVI	SOL

77 - Wetenschappelijke Discip

```
A R H E O L O G I J A T L I
S B O T A N I K A C E E N M
O B I O L O G I J A K R K T
C G P I S H R A N A O M E W
I M E H A N I K A Đ L O M S
O Z O N U J F I S A O D I D
L F Y I M U N O L O G I J A
O B I O K E M I J A I N A Đ
G G E O L O G I J A J A M R
I F H R O B O T I K A M Z C
J M E T E O R O L O G I J A
A N A T O M I J A I Y K V C
P S I H O L O G I J A A S T
F I Z I O L O G I J A D J O
```

ANATOMIJA
ARHEOLOGIJA
BIOKEMIJA
BIOLOGIJA
KEMIJA
EKOLOGIJA
FIZIOLOGIJA
GEOLOGIJA
IMUNOLOGIJA

MEHANIKA
METEOROLOGIJA
BOTANIKA
PSIHOLOGIJA
ROBOTIKA
SOCIOLOGIJA
TERMODINAMIKA
ISHRANA

78 - Bijvoeglijke Naamwoorden

```
F  J  A  R  T  K  G  L  A  D  A  N  K  S
O  D  G  O  V  O  R  A  N  T  U  G  V  P
P  P  R  T  A  U  T  E  N  T  I  Č  N  O
I  J  R  L  J  I  T  L  A  A  H  H  Z  S
S  Đ  N  O  V  O  Y  Đ  D  T  W  H  Y  P
N  P  O  I  D  D  A  R  O  V  I  T  O  A
I  O  R  U  L  U  Z  Đ  N  P  R  V  W  N
P  N  M  N  R  M  K  Č  I  S  T  J  N  W
M  O  A  Z  Đ  O  Y  T  Z  D  R  A  V  I
Đ  S  L  A  N  R  P  R  I  R  O  D  N  O
F  A  A  Z  G  N  G  Y  C  V  J  Z  T  J
N  N  N  R  P  I  S  H  E  W  N  A  G  B
Z  D  D  I  V  L  J  I  N  Z  F  I  K  G
D  R  A  M  A  T  I  Č  A  N  G  L  P  O
```

AUTENTIČNO	NORMALAN
DAROVIT	PRODUKTIVNI
OPISNI	POSPAN
KREATIVNI	JAK
DRAMATIČAN	PONOSAN
ZDRAV	ODGOVORAN
GLADAN	DIVLJI
UMORNI	SLAN
PRIRODNO	ČIST
NOVO	

79 - Kleding

```
B  Z  Š  E  Š  I  R  C  Đ  F  P  R  Y  Y
L  B  J  S  C  P  O  S  I  N  I  U  J  R
U  W  O  D  Y  S  J  O  U  I  D  K  K  H
Z  L  F  K  E  A  H  U  G  F  Ž  A  W  L
A  Y  G  U  H  B  B  A  J  P  A  V  Đ  A
Š  S  G  S  M  H  N  H  L  O  M  I  P  Č
N  A  R  U  K  V  I  C  A  J  A  C  R  E
C  N  L  K  M  O  D  A  K  A  I  E  E  K
I  D  E  N  P  C  Š  H  P  S  R  N  G  A
P  A  P  J  G  Đ  C  U  Đ  W  U  J  A  P
E  L  Č  A  R  A  P  E  L  O  P  A  Č  U
L  E  O  G  R  L  I  C  A  J  P  K  A  T
A  D  Ž  E  M  P  E  R  J  D  A  N  J  S
J  U  I  R  T  J  C  L  D  J  M  A  H  U
```

NARUKVICA	PIDŽAMA
BLUZA	POJAS
HLAČE	SUKNJA
RUKAVICE	SANDALE
ŠEŠIR	CIPELA
KAPUT	PREGAČA
JAKNA	KOŠULJA
HALJINA	ŠAL
OGRLICA	ČARAPE
MODA	DŽEMPER

80 - Vliegtuigen

```
A T S V S S I L A Z A K M I
T V U A P M I I A G P K O Z
M O A R Z T J B W O R L T G
O D R N B Z P E E R O P O R
S I U M T U L S R I P U R A
F K M B D U L V Đ V E T S D
E B A L O N R E P O L N F N
R A V I S I N A N P E I V J
A N D Đ G S Đ B A C R K P A
S L I J E T A N J E I Đ O P
P I L O T C B E P L D J S Z
E R C Đ K M U B J Y G P A R
D I Z A J N V O N H G M D A
P O V I J E S T Z F M F A K
```

SILAZAK	SLIJETANJE
ATMOSFERA	ZRAK
AVANTURA	MOTOR
BALON	DIZAJN
POSADA	PUTNIK
IZGRADNJA	PILOT
GORIVO	PROPELERI
POVIJEST	SMJER
NEBO	TURBULENCIJA
VISINA	VODIK

81 - Herbalisme

```
K  S  P  P  O  R  I  G  A  N  O  B  S  R
V  O  K  V  T  Z  Z  T  K  C  B  O  A  U
A  P  P  V  B  E  G  Š  I  H  M  S  S  Ž
L  K  U  A  L  L  H  A  H  M  O  I  T  M
I  L  K  H  R  E  L  F  E  P  I  L  O  A
T  K  U  L  I  N  A  R  S  K  I  J  J  R
E  O  K  U  S  C  R  A  E  O  V  A  A  I
T  F  T  V  Đ  V  O  N  D  V  D  K  K  N
A  S  M  S  M  I  M  A  Ž  U  R  A  N  G
E  Č  E  Š  N  J  A  K  O  W  A  E  S  P
E  L  D  P  K  E  T  A  I  K  G  H  S  O
L  G  P  L  G  T  S  V  M  F  U  K  M  Z
P  E  R  Š  I  N  K  R  V  I  L  Z  J  O
J  N  U  S  T  M  I  T  O  I  J  C  Đ  G
```

AROMATSKI
BOSILJAK
CVIJET
KULINARSKI
KOPAR
DRAGULJ
ZELEN
SASTOJAK
ČEŠNJAK

KVALITETA
MAŽURAN
ORIGANO
PERŠIN
RUŽMARIN
ŠAFRAN
OKUS
TIMIJAN
VRT

82 - Piraten

```
Đ  K  H  I  C  K  A  P  V  Y  A  L  O  Y
H  W  J  L  V  A  Z  L  A  T  O  K  Ž  K
K  O  K  M  U  P  L  A  I  V  T  J  I  R
K  A  R  T  A  E  U  Ž  S  K  O  L  L  G
L  L  O  Š  E  T  N  A  P  I  K  I  J  R
E  M  P  P  U  A  P  O  S  A  D  A  A  Z
G  A  A  F  G  N  P  E  G  V  P  R  K  A
E  Č  S  B  Š  P  I  L  J  A  M  I  O  S
N  U  N  M  L  O  C  E  A  N  J  H  G  T
D  K  O  M  P  A  S  S  B  T  U  B  R  A
A  A  S  I  K  B  G  O  N  U  Y  D  B  V
Z  V  T  W  A  M  L  O  U  R  U  M  K  A
N  P  P  J  D  Z  R  A  A  A  O  F  M  I
Đ  A  B  I  G  T  K  C  T  L  F  W  C  U
```

SIDRO	LEGENDA
AVANTURA	OŽILJAK
POSADA	OCEAN
OTOK	PAPIGA
OPASNOST	RUM
ZLATO	BLAGO
ŠPILJA	LOŠE
KARTA	PLAŽA
KAPETAN	ZASTAVA
KOMPAS	MAČ

83 - Surfen

```
H  V  R  I  J  E  M  E  E  M  Đ  R  G  E
G  E  W  D  M  O  S  Y  D  K  Z  N  Z  C
Z  S  J  C  S  P  O  P  U  L  A  R  A  N
E  L  K  F  P  O  Č  E  T  N  I  K  B  B
B  O  R  W  R  Y  U  Đ  P  J  E  N  A  M
K  R  O  C  E  A  N  V  W  Đ  I  R  V  U
R  G  Z  H  J  S  N  A  G  A  E  V  A  L
A  U  B  I  V  S  Ž  P  R  V  A  K  B  P
J  Ž  G  B  N  C  W  E  C  C  D  N  O  L
N  V  M  R  B  A  N  P  L  A  Ž  A  Y  I
O  E  Y  O  E  S  T  I  L  U  V  C  N  V
S  B  G  V  U  B  A  T  M  K  D  B  D  A
T  W  R  M  N  S  E  B  Y  B  C  A  L  T
S  P  O  R  T  A  Š  N  B  T  S  B  C  I
```

SPORTAŠ
POČETNIK
KRAJNOST
VAL
PRVAK
SNAGA
ŽELUDAC
GUŽVE
OCEAN
VESLO

ZABAVA
POPULARAN
GREBEN
PJENA
BRZINA
SPREJ
STIL
PLAŽA
VRIJEME
PLIVATI

84 - Rijden

P	Z	L	H	T	E	N	F	V	O	T	M	P	G
L	H	I	N	O	P	J	E	Š	A	K	O	R	B
I	P	C	C	E	S	T	A	S	A	U	T	O	R
N	W	E	L	J	A	F	O	Y	R	R	O	M	Z
L	B	N	K	A	M	I	O	N	T	E	R	E	I
K	B	C	U	L	G	C	H	S	L	Đ	Ć	T	N
A	O	A	Đ	O	P	O	L	I	C	I	J	A	A
R	V	Č	P	F	T	H	N	G	F	M	A	O	Y
T	G	G	N	I	R	Z	A	U	T	L	K	N	Z
A	A	O	U	I	U	R	B	R	Y	U	G	D	E
B	R	R	L	A	C	W	P	N	D	J	N	T	B
Z	A	I	I	N	U	E	Đ	O	Đ	K	O	E	K
L	Ž	V	C	O	O	P	A	S	N	O	S	T	L
T	A	O	A	P	M	M	O	T	O	C	I	K	L

GORIVO
GARAŽA
PLIN
OPASNOST
KARTA
LICENCA
MOTOR
MOTOCIKL
NESREĆA
POLICIJA

KOČNICE
BRZINA
ULICA
TUNEL
SIGURNOST
PROMET
PJEŠAK
KAMION
CESTA

85 - Wetenschap

```
M  Đ  D  U  C  B  D  N  Z  Y  I  I  B  T
P  R  O  M  A  T  R  A  N  J  E  Z  E  D
E  F  F  T  L  F  V  S  A  I  H  N  H  S
P  O  D  A  C  I  M  I  N  E  R  A  L  I
K  S  S  Z  D  Z  Y  B  S  Č  Y  U  M  K
B  I  A  P  H  I  P  O  T  E  Z  A  E  E
G  L  E  S  M  K  P  R  V  S  N  V  T  M
L  S  Z  W  O  A  R  G  E  T  Z  Z  O  I
A  T  O  M  L  Đ  I  A  N  I  T  U  D  J
I  O  D  K  E  U  R  N  I  C  H  L  A  S
K  N  L  Đ  K  N  O  I  K  E  J  I  Y  K
I  W  Y  G  U  I  D  Z  K  L  I  M  A  I
K  L  O  Y  L  T  A  A  B  B  J  Đ  L  M
E  K  S  P  E  R  I  M  E  N  T  R  D  Đ
```

ATOM	METODA
KEMIJSKI	MINERALI
ČESTICE	MOLEKULE
EKSPERIMENT	PRIRODA
FOSIL	FIZIKA
PODACI	PROMATRANJE
HIPOTEZA	ORGANIZAM
KLIMA	ZNANSTVENIK

86 - Badkamer

```
Z N P K M P O G L E D A L O
Š K A R E J A W W S T O S E
A A R U L R E R C K E A L F
M D F Č T U Š H A Z P E A Y
P A E N G H R P U P I U V A
O B M I Đ G O Y V R H C I L
N J Đ K S K G L O S I O N G
I F Y D P T C S D A N Ć A T
G S Đ Y U L A J A P Y D I G
F K F F Ž V S A S U D A W I
Y K T M V S D I S N B T B W
Đ G Z S A P H T E O R W L J
Y H M K B G N I E M H C N F
H H M T G E U H B L F W H Đ
```

KADA
MJEHURIĆI
TUŠ
RUČNIK
SLAVINA
LOSION
PARFEM
ŠKARE

ŠAMPON
OGLEDALO
SPUŽVA
PARA
TEPIH
VODA
WC
SAPUN

87 - Hulpmiddelen

```
U N D Đ M H I M K B I B B L
R N S C K L A M E R I C A J
B R I T V A K K E E R H K E
V N V F F N W H V P R T L S
R I Y J A Z L O P A T A J T
S S J O I Č J N O Ž V Y A V
J P W A T H E L K N L A U E
E B A L K Y P K L H A R K W
K Y E J V G I A I G D U V B
I C V F A J L B J Ć A Ž A O
R C H M U L O E E N R E M J
A Đ I M I J I L Š K A R E N
V S L P L F M C T K O T A Č
A J E B D D Y R A K Đ T I N
```

SJEKIRA
BAKLJA
ČEKIĆ
VLADAR
KABEL
LJESTVE
LJEPILO
NOŽ
SPAJALICA

KLAMERICA
ŠKARE
BRITVA
LOPATA
VIJAK
KLIJEŠTA
UŽE
KOTAČ

88 - Speelgoed

```
L F L J T U J G K A M I O N
I K G Č P O J L L U N H W T
Š A H C A M P I U T V N G T
O U Đ H J M H N T O F L J T
M R V L A K A A K M B C W B
I B U B O J E C A O Z L J J
L Đ B I B P U I M B S W H J
J N E C R P T T J I D N W I
E A M I T P A A Đ L V A F G
N W Y K B S B G R O B O T R
I G Z L Z R A K O P L O V E
V N O T F M I E U U A C Đ V
M A Š T A U A K N J I G E J
Đ S H B U B N J E V I Z N T
```

OBRT
AUTOMOBIL
LOPTA
KNJIGE
ČAMAC
BUBNJEVI
OMILJENI
BICIKL
IGRE
GLINA

LUTKA
ROBOT
ŠAH
VLAK
MAŠTA
BOJE
ZMAJ
ZRAKOPLOV
KAMION

89 - Muziekinstrumenten

```
D U U N V M P H T U R H M S
B D Đ T Đ E F L A U T A A A
M A Đ M Y F B L M M B T N K
F R W F T N E O B O A T D S
K A B E N D Ž O U U Y S O O
L L G O N G N U R H B G L F
A J A O Đ Z B D A W Đ A I O
R K R V T D J U Š A N A N N
I E H C I M K I K T J F A J
N T P D Z R L W I H A R F A
E V I O L O N Č E L O Z B G
T R O M B O N T R U B A C I
M A R I M B A G I T A R A D
H A R M O N I K A F A G R K
```

BENDŽO	MARIMBA
VIOLONČELO	HARMONIKA
FAGOT	UDARALJKE
FLAUTA	KLAVIR
GITARA	SAKSOFON
GONG	TAMBURAŠKI
HARFA	TROMBON
OBOA	BUBANJ
KLARINET	TRUBA
MANDOLINA	

90 - Activiteiten en Vrije Ti

```
V  N  R  T  A  K  B  I  G  I  W  O  H  M
I  J  G  P  U  T  O  V  A  T  I  D  O  N
G  R  I  E  P  B  K  Š  K  B  J  B  B  O
U  O  P  N  J  E  S  P  A  G  F  O  I  G
M  N  L  M  E  J  U  L  M  R  M  J  J  O
J  J  E  F  Š  Z  R  I  P  I  K  K  I  M
E  E  D  K  A  B  F  V  I  B  I  A  D  E
T  N  V  W  Č  O  A  A  R  A  D  O  O  T
N  J  N  T  E  L  N  N  A  R  S  W  G  E
O  E  F  W  N  A  J  J  N  S  J  W  C  N
S  D  Y  E  J  C  E  E  J  T  L  T  S  I
T  B  Z  U  E  G  S  H  E  V  Đ  I  W  S
O  P  U  Š  T  A  N  J  E  O  R  Y  K  Y
W  V  R  T  L  A  R  S  T  V  O  Y  A  A
```

KOŠARKA	PUTOVATI
BOKS	SLIKA
RONJENJE	SURFANJE
GOLF	TENIS
RIBARSTVO	VRTLARSTVO
HOBIJI	NOGOMET
BEJZBOL	ODBOJKA
KAMPIRANJE	PJEŠAČENJE
UMJETNOST	PLIVANJE
OPUŠTANJE	

91 - Water

```
I D T J M V G O V I R L Y S
S K A N A L E D M A R P W P
P I L A C A J P O P L A V A
A V V V Z Ž Z R Y R O O S R
R M L O S N I J E G C E V A
A R A D F O R N Z V E O W I
V L G N F S E R E H A B T B
A N A J J T V R D F N T K D
N E U A L M U O M N U I H H
J R V V C H K Š R O K I Š A
E M H A F J F T A G N G C Z
Y R I N Đ U R A G A N S H Z
G A I J R I J E K A K F U J
M Z J E Z E R O O R S G M N
```

TUŠ	POPLAVA
GEJZIR	KIŠA
VALOVI	RIJEKA
LED	SNIJEG
NAVODNJAVANJE	PARA
KANAL	ISPARAVANJE
JEZERO	VLAGA
MONSUN	VLAŽNOST
OCEAN	MRAZ
URAGAN	

92 - Schaken

```
R  Đ  T  U  R  N  I  R  Y  H  I  I  B  S
T  S  O  W  P  B  U  V  Y  L  A  Z  M  T
R  Z  Č  C  M  U  I  Č  P  R  V  A  K  R
S  L  K  M  S  N  R  J  I  H  D  Z  K  A
K  K  E  I  G  R  A  Č  E  T  J  O  K  T
P  A  M  E  T  A  N  J  L  L  I  V  G  E
K  U  C  E  J  Y  G  T  J  Đ  I  I  A  G
Ž  R  T  V  O  V  A  T  I  V  F  G  Đ  I
K  P  A  S  I  V  N  O  B  U  U  S  C  J
R  C  B  L  D  I  J  A  G  O  N  A  L  A
A  D  L  F  J  V  R  I  J  E  M  E  C  Z
L  P  R  O  T  I  V  N  I  K  J  O  R  Đ
J  S  Z  W  I  J  C  Z  I  G  R  A  N  D
P  R  A  V  I  L  A  A  C  M  C  U  A  D
```

DIJAGONALA	IGRA
PRVAK	IGRAČ
KRALJ	STRATEGIJA
KRALJICA	PROTIVNIK
UČITI	VRIJEME
ŽRTVOVATI	TURNIR
PASIVNO	IZAZOVI
TOČKE	BIJELI
PRAVILA	CRNA
PAMETAN	

93 - Boerderij #1

```
H  G  P  K  Y  B  P  H  P  T  K  M  P  T
O  N  S  I  J  E  N  O  O  G  O  A  I  E
W  O  M  A  Č  K  A  A  L  H  Z  G  L  L
R  J  E  B  G  O  N  H  S  J  A  A  E  E
I  I  D  S  I  N  M  F  N  Đ  E  R  T  O
U  V  Ž  N  S  J  I  K  Y  G  N  A  I  J
V  O  D  A  Z  Đ  Đ  I  K  F  H  C  N  M
P  O  L  J  O  P  R  I  V  R  E  D  A  O
S  T  A  D  O  A  V  R  A  N  A  A  W  G
Z  I  T  O  O  S  C  F  B  K  O  V  F  R
P  Č  E  L  A  K  M  U  D  L  L  Đ  A  A
S  J  E  M  E  N  K  E  Y  T  B  Y  R  D
L  K  Đ  M  W  I  R  E  H  M  U  J  Z  A
V  B  W  R  R  B  Đ  M  B  R  P  T  N  L
```

PČELA	KRAVA
MAGARAC	VRANA
KOZA	STADO
OGRADA	POLJOPRIVREDA
PAS	GNOJIVO
MED	KONJ
SIJENO	RIŽA
TELE	POLJE
MAČKA	VODA
PILETINA	SJEMENKE

94 - Huis

```
P  N  A  M  J  E  Š  T  A  J  S  K  D  M
T  O  G  R  A  D  A  E  B  U  T  N  I  J
O  P  D  V  V  R  T  P  W  Z  R  J  M  K
S  O  T  R  Đ  D  Y  I  O  Y  O  I  N  H
O  O  E  A  U  K  V  H  G  C  P  Ž  J  G
D  M  B  T  Đ  M  E  T  L  A  G  N  A  A
Z  I  D  A  N  O  L  G  E  I  Y  I  K  R
K  U  H  I  N  J  A  Y  D  A  E  C  S  A
U  T  D  K  R  W  I  B  A  G  A  A  Z  Ž
W  U  S  V  J  E  T  I  L  J  K  A  K  A
K  Š  D  U  Y  Y  C  I  O  Đ  N  J  A  R
V  R  Đ  H  A  I  M  I  W  O  I  Đ  M  I
F  V  O  V  V  K  T  A  M  A  M  I  I  F
S  P  A  V  A  Ć  A  S  O  B  A  B  N  E
```

METLA	KUHINJA
KNJIŽNICA	SVJETILJKA
KROV	NAMJEŠTAJ
VRATA	ZID
TUŠ	STROP
GARAŽA	DIMNJAK
KAMIN	SPAVAĆA SOBA
OGRADA	OGLEDALO
SOBA	TEPIH
PODRUM	VRT

95 - Kleuren

```
S  E  T  T  W  S  F  S  B  K  B  Z  V  C
L  M  P  N  L  L  D  U  E  F  E  U  O  I
D  Z  E  L  E  N  H  M  K  P  Ž  U  Y  J
N  P  S  Đ  H  H  P  A  B  S  I  U  B  A
I  L  C  Đ  C  S  A  G  I  R  I  J  C  N
N  A  R  A  N  Č  A  E  J  U  C  J  A  Ž
G  V  N  Z  N  L  N  N  E  Ž  R  Z  A  U
R  A  A  P  V  K  Đ  T  L  I  V  S  N  T
R  G  L  Z  U  F  R  A  I  Č  E  B  C  A
H  I  E  S  V  O  V  K  D  A  N  B  Đ  B
L  F  A  I  N  D  I  G  O  S  A  Y  L  O
F  J  K  V  M  G  K  O  Đ  T  E  I  P  J
W  B  V  A  K  G  G  M  U  A  Đ  K  K  A
L  J  U  B  I  Č  A  S  T  A  A  J  O  S
```

BEŽ	MAGENTA
PLAVA	NARANČA
SMEĐ	LJUBIČASTA
CIJAN	CRVENA
FUKSIJA	RUŽIČASTA
ŽUTA BOJA	SEPIJA
SIVA	BIJELI
ZELEN	CRNA
INDIGO	

96 - Verjaardag

```
K Z N S P R I J A T E L J I
R A Y R J D P O S E B A N P
O B R U M E B J M V G S R J
Đ A M T L U Ć B T D O R S E
E V K M I M L A D I D E V S
N A J O B C M W N R I T I M
Y M B Z M K E W W J N A J A
P O Z I V N I C E V A N E T
K A L E N D A R P R D Z Ć O
R A D O S T A N N I A A E R
P R O S L A V A T J R T N T
M U D R O S T M S E Đ P E A
P U L D V D S R U M I N G F
G E O H Y Y F A T E E R V K
```

RADOSTAN
TORTA
DAN
ROĐEN
SRETAN
DAR
SJEĆANJA
GODINA
MLADI
SVIJEĆE

KARTICE
KALENDAR
PJESMA
ZABAVA
POSEBAN
VRIJEME
POZIVNICE
PROSLAVA
PRIJATELJI
MUDROST

97 - Getallen

```
S E D A M N A E S T H D A N
P O O Y O C F S U Y C D Š U
V F N B Y F P N D K U E E W
H U I N L P V D E T L V S P
D Č E T R N A E S T D E N S
Š E S T H Đ J O E D E T A Đ
M T R I N A E S T V V N E S
H I R R S E D A M A E A S W
J R W I O S A M G N T E T G
H I O L T S N N U A I S G M
J V I D I Đ G A S E N T Z N
U K W Z T H K E W S N U P Y
M C D V A D E S E T E L L Z
P E T T L P E T N A E S T A
```

OSAM
OSAMNAEST
TRINAEST
TRI
JEDAN
DEVET
DEVETNAEST
NULA
DESET
DVANAEST

DVA
DVADESET
ČETRNAEST
ČETIRI
PET
PETNAEST
ŠEST
ŠESNAEST
SEDAM
SEDAMNAEST

98 - Boerderij #2

```
N  M  L  I  J  E  K  O  O  V  C  E  K  P
Ž  A  I  W  B  U  P  O  V  R  Ć  E  O  A
I  G  V  F  Đ  P  O  A  P  K  L  L  Š  S
V  K  A  O  N  Š  J  C  T  U  H  R  N  T
O  J  D  S  D  E  A  Y  W  K  R  Y  I  I
T  L  A  M  E  N  N  S  V  U  A  A  C  R
I  B  K  O  E  I  J  M  W  R  N  N  A  Z
N  Đ  T  E  J  C  E  A  R  U  A  Đ  V  C
J  S  T  W  A  A  T  P  V  Z  Z  P  V  U
E  M  S  Đ  A  L  I  T  R  A  K  T  O  R
S  B  T  W  A  F  N  V  O  Ć  N  J  A  K
P  N  L  S  I  C  A  D  O  Y  F  J  P  A
S  T  A  J  A  L  T  I  D  Ć  Đ  M  E  I
J  E  Č  A  M  D  U  D  K  F  E  Y  D  M
```

KOŠNICA	LAME
VOĆNJAK	KUKURUZ
ŽIVOTINJE	MLIJEKO
PATKA	OVCE
VOĆE	STAJA
JEČAM	PŠENICA
POVRĆE	TRAKTOR
PASTIR	HRANA
NAVODNJAVANJE	LIVADA
JANJETINA	

99 - Voeding

```
T  U  V  G  I  C  K  N  P  K  S  V  I  M
J  E  S  T  I  V  O  A  T  Z  P  I  S  Đ
R  Z  I  M  P  Z  Đ  Z  L  T  V  T  V  E
Z  A  Č  I  N  I  D  P  R  O  B  A  V  A
U  M  A  K  Đ  H  F  R  H  D  R  M  G  V
D  I  J  E  T  A  F  Z  A  C  V  I  R  J
P  R  O  T  E  I  N  I  G  V  R  N  J  T
K  V  A  L  I  T  E  T  A  Z  E  G  A  E
T  E  Ž  I  N  A  Z  A  W  H  N  O  V  K
Z  D  R  A  V  L  J  E  P  Z  J  R  I  U
O  B  O  K  U  S  W  K  C  E  E  A  O  Ć
T  O  K  S  I  N  F  Đ  R  B  T  K  Y  I
U  R  A  V  N  O  T  E  Ž  E  N  I  F  N
H  R  A  N  L  J  I  V  F  J  O  G  T  E
```

GORAK	ZDRAVLJE
KALORIJE	KVALITETA
DIJETA	UMAK
JESTIVO	OKUS
APETIT	ZAČINI
PROTEINI	PROBAVA
URAVNOTEŽEN	TOKSIN
VRENJE	VITAMIN
TEŽINA	TEKUĆINE
ZDRAV	HRANLJIV

1 - Metingen

2 - Keuken

3 - Boten

4 - Chocolade

5 - Tijd

6 - Meditatie

7 - Zomer

8 - Vogels

9 - Behoud

10 - Wiskunde

11 - Camping

12 - Activiteiten

13 - Vormen

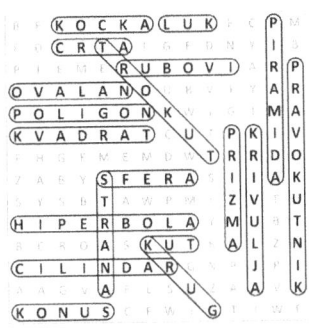

14 - Astronomie

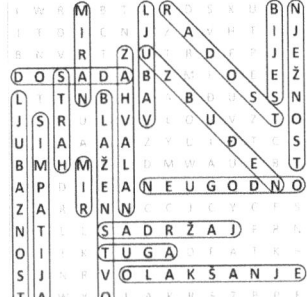

15 - Emoties

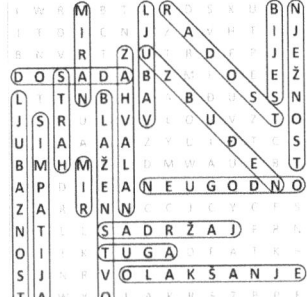

16 - Vakantie #2

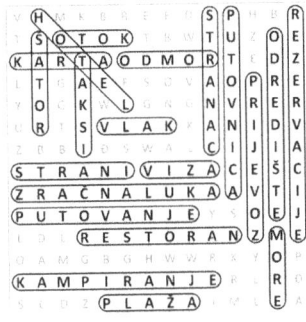

17 - Weersomstandigh

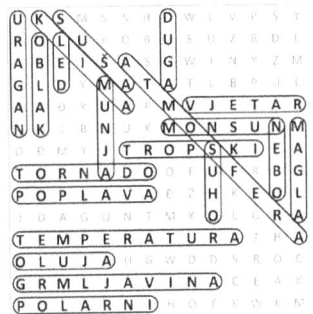

18 - Strand

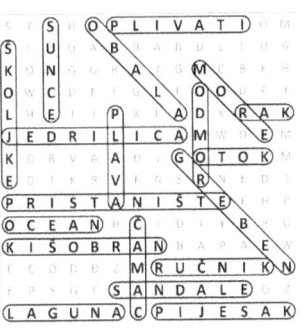

19 - Eten #2

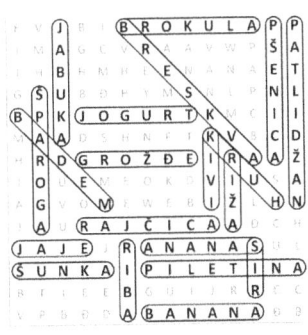

20 - Klimmen

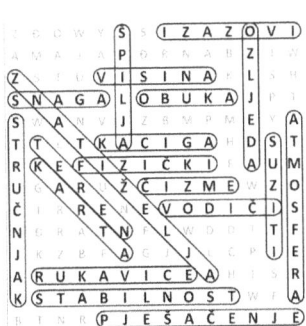

21 - Restaurant #1

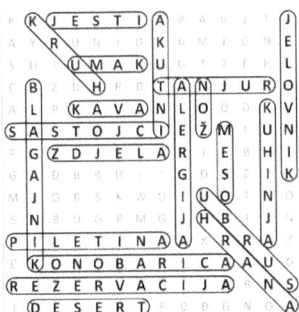

22 - Geologie

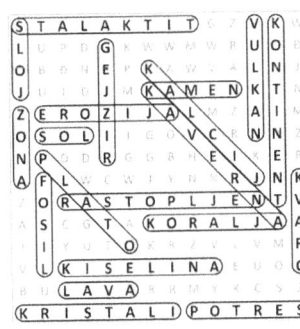

23 - Specerijen

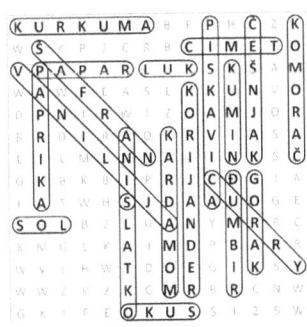

24 - Groenten

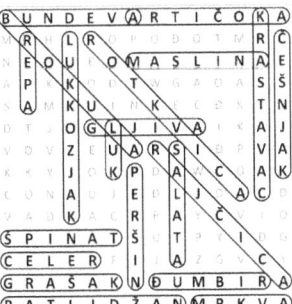

25 - Dans

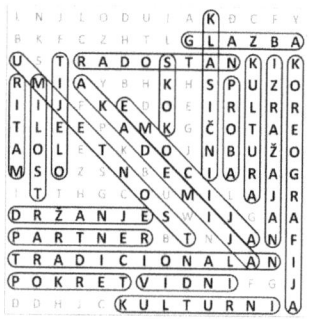

26 - Sport

27 - Mythologie

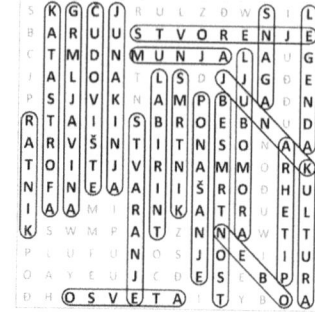

28 - Vakantie #1

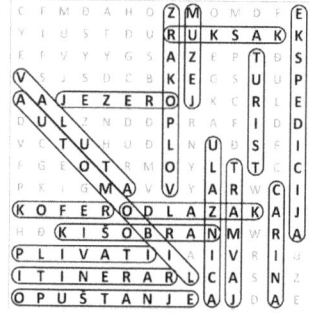

29 - Eten #1

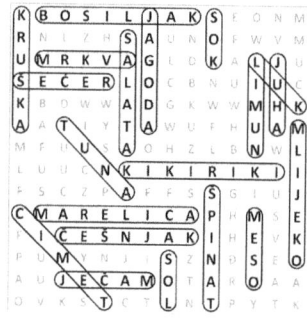

30 - Avontuur

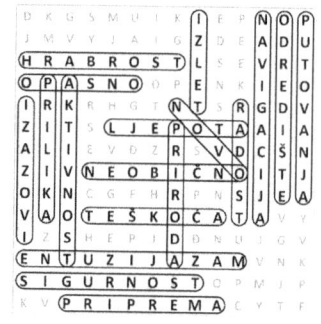

31 - Circus

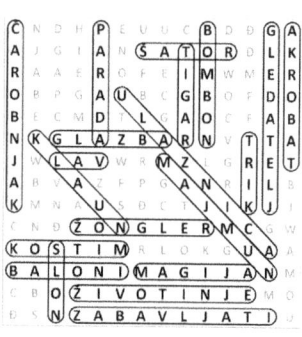

32 - Restaurant #2

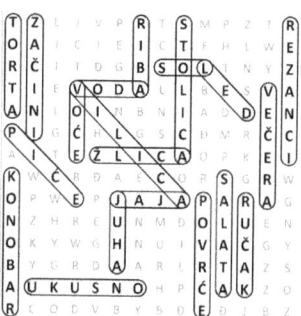

33 - Bijen

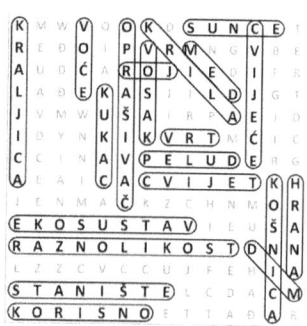

34 - School #1

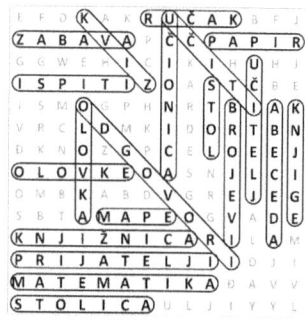

35 - Wandelen

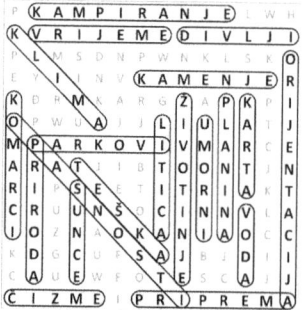

36 - Ecologie

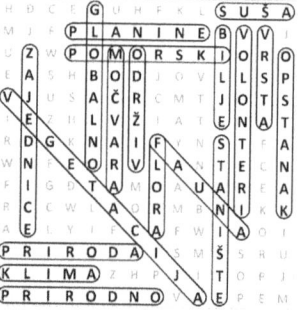

37 - Installaties

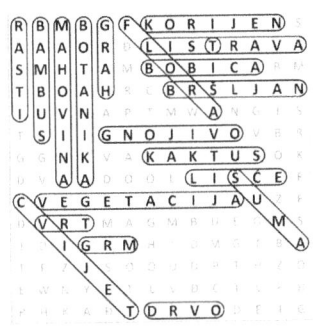

38 - School #2

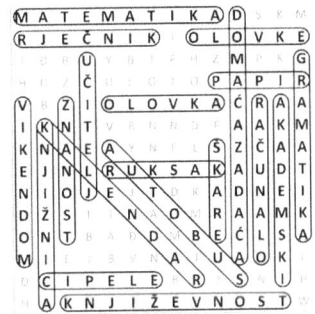

39 - Oceaan

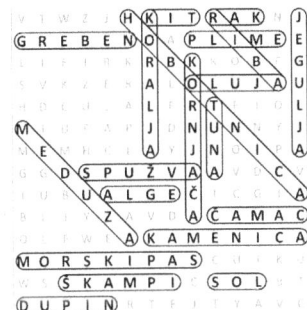

40 - Landen #2

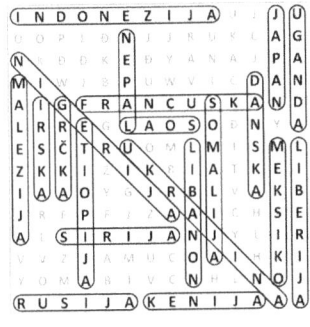

41 - Bloemen

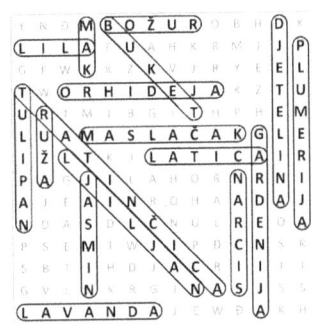

42 - Huisdieren

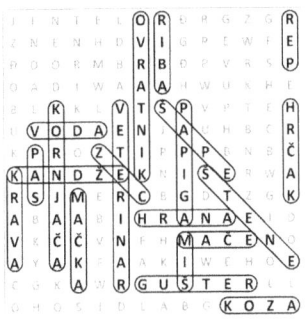

43 - Landschappen

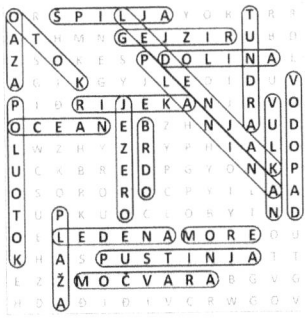

44 - Tuin

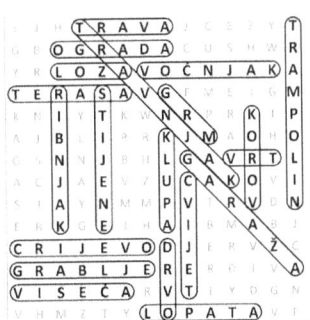

45 - Katten

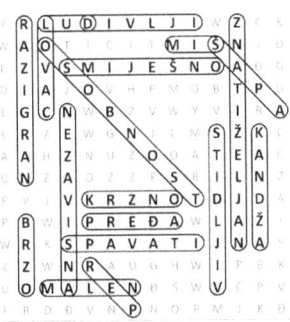

46 - Beroepen #2

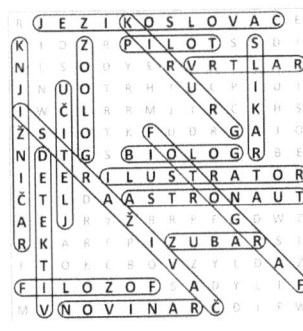

47 - Komedie

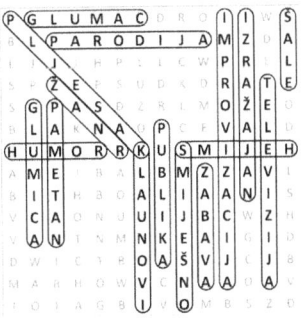

48 - Dagen en Maanden

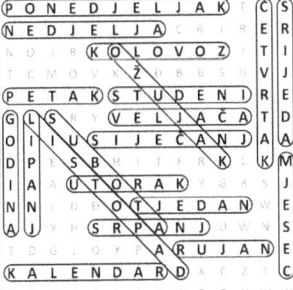

49 - Beeldende Kunsten

PORTRET, GLINA, SKULPTURA, KREDA, SOLOVKA, ARHITEKTURA, KERAMIKA, REMEK DJELO, VOSAK

50 - Menselijk Lichaam

MOZAK, UHO, JEZIK, VRAT, GLAVA, RAME, KRV, SRCE, PRST

51 - Familie

BAKA, OTAC, KĆI, MUŽ, NEĆAK, SUPRUGA, DIJETE, DJECA, NEĆAKINJA

52 - Gebouwen

KABINA, BOLNICA, TVORNICA, ZVJEZDARNICA, STADION, TORANJ, DVORAC, KAZALIŠTE, LABORATORIJ, STAJA, MUZEJ, SUPERMARKET

53 - Kunst

STVORITI, POEZIJA, SKULPTURA, SLIKE, VIDNI, ISKREN, NADAHNUT

54 - Beroepen #1

LOVAC, BANKAR, LJEKARNIK, PIJANISTA, AMBASADOR, GEOLOG

55 - Kastelen

ZID, MAČ, PRINCEZA, KRUNA, TORANJ, ŠTITI, KONJ, KATAPULT, FEUDALNI

56 - Insecten

VILIN KONJIC, BUBA, MRAV, PČELA, TERMIT

57 - Antarctica

POLUOTOK, OBLACI, TOPOGRAFIJA, VODA, KONTINENT, STJENOVITA, ZALJEV, MINERALI, OKOLIŠ, TEMPERATURA, KONZERVACIJA, ZNANSTVENICA

58 - Ballet

IZRAŽAJAN, PROBA, KOREOGRAFIJA, VJEŠTINA

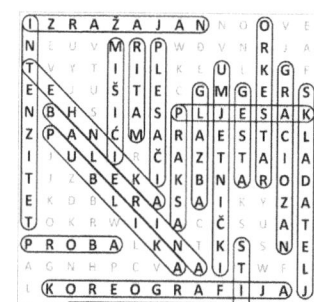

59 - Vissen

PLAŽA, ŠKRGE, OCEAN, JEZERO, MAMA, KOŠARA, KUHATI, ZICA, RIJEKA, STRPLJENJE, TEŽINA

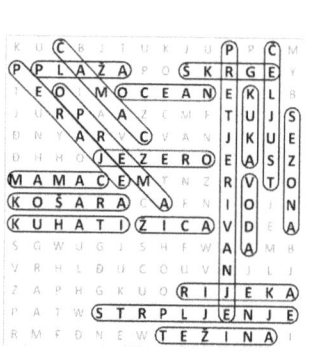

60 - Fruit

KRUŠKA, BROSKVA, BANANA, DINJA, LIMUN, AVOKADO, NARANČA, KOKOS, MARELICA, ŠLJIVA, MANGO, JABUKA

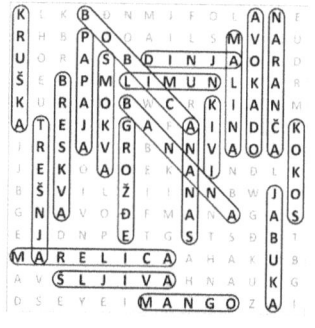

61 - Literatuur

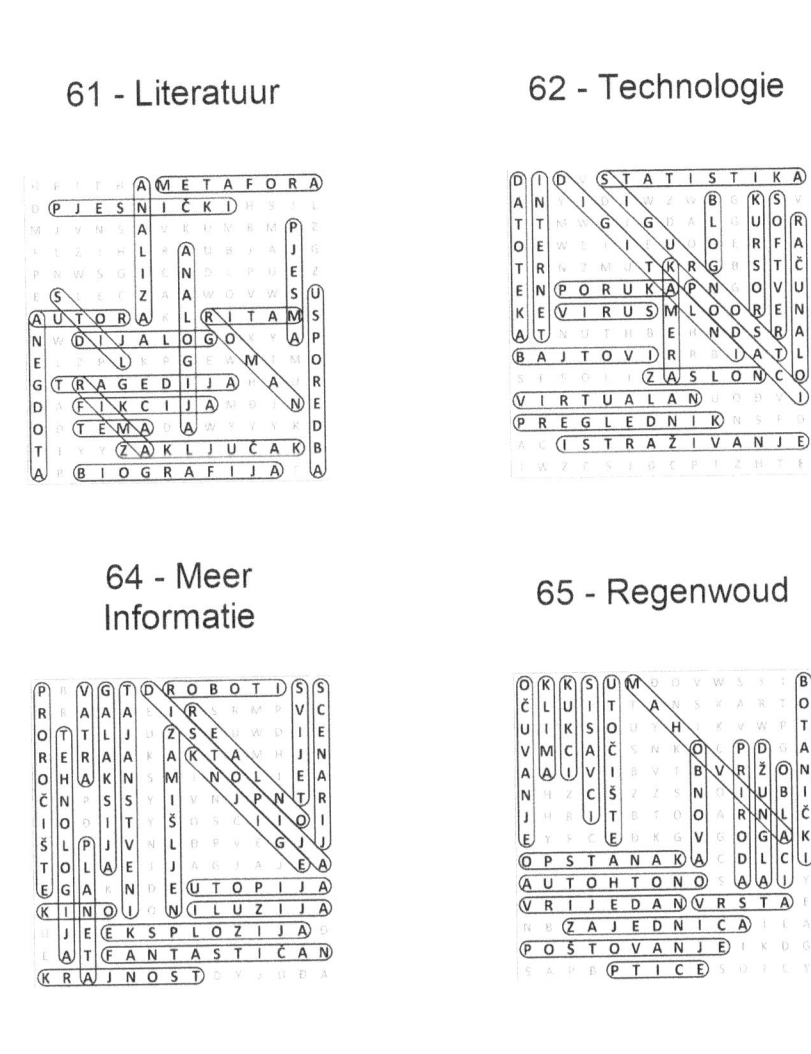

62 - Technologie

63 - Boeken

64 - Meer Informatie

65 - Regenwoud

66 - Haartypes

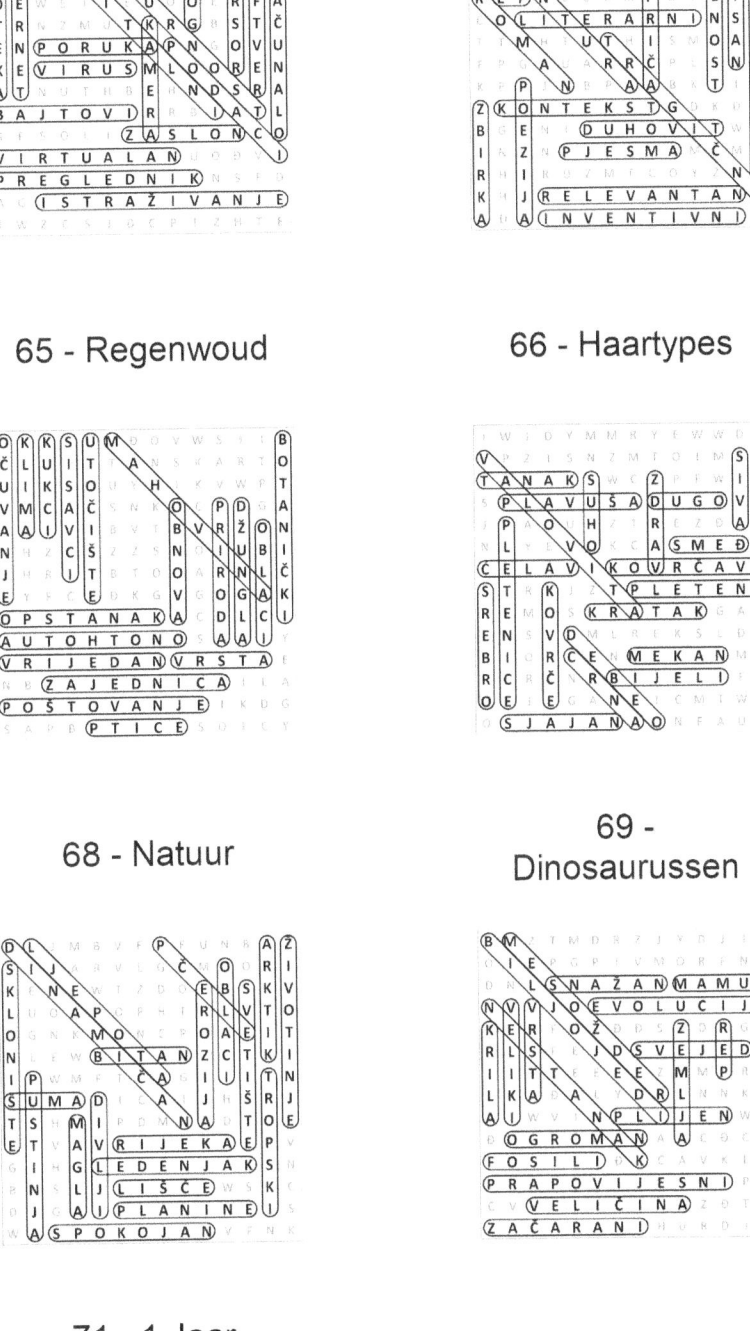

67 - Stad

68 - Natuur

69 - Dinosaurussen

70 - Zoogdieren

71 - 1 Jaar Geleden

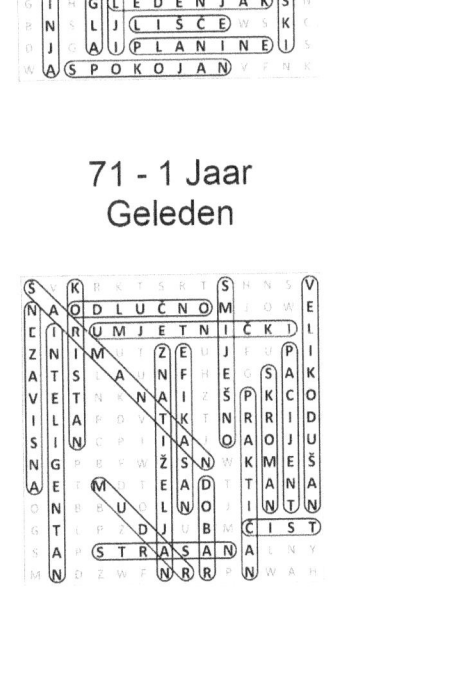

72 - Exploratie

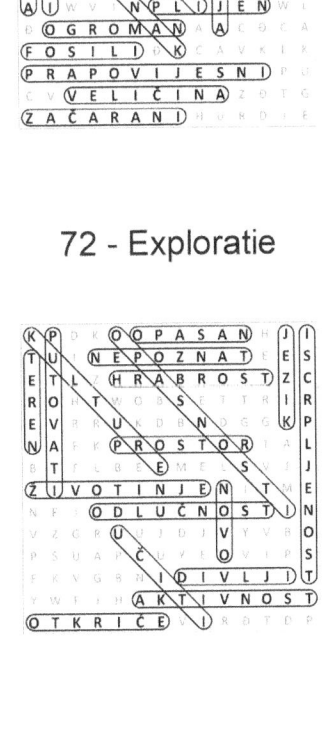

73 - Voertuigen

74 - Geografie

75 - Kunstbenodigdhe

76 - Barbecues

77 - Wetenschappelijk

78 - Bijvoeglijke Naamwoorden

79 - Kleding

80 - Vliegtuigen

81 - Herbalisme

82 - Piraten

83 - Surfen

84 - Rijden

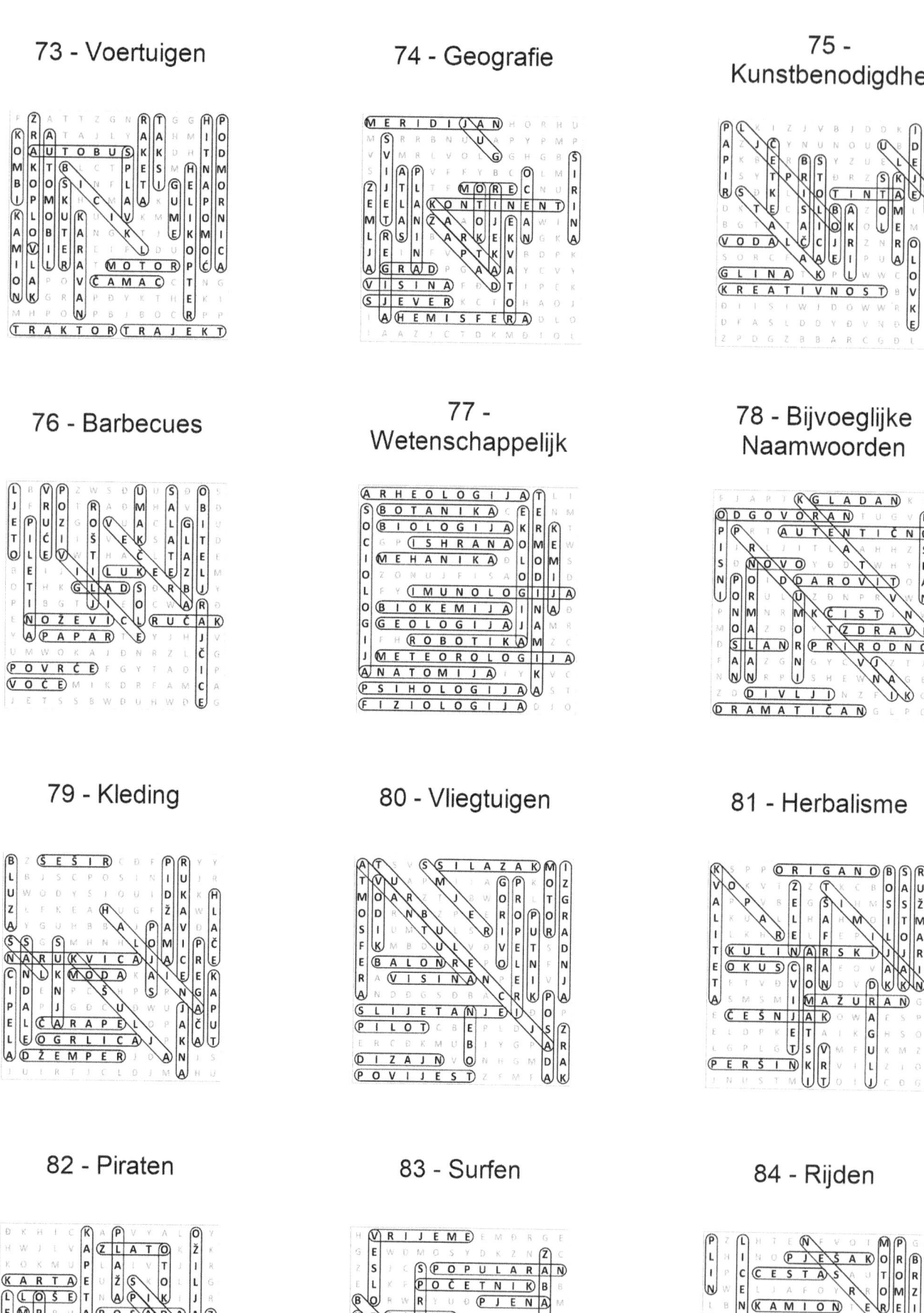

85 - Wetenschap

86 - Badkamer

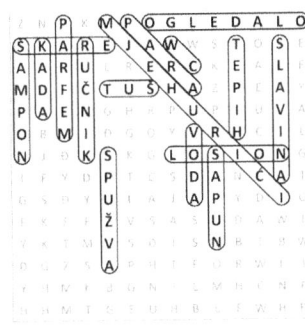

87 - Hulpmiddelen

88 - Speelgoed

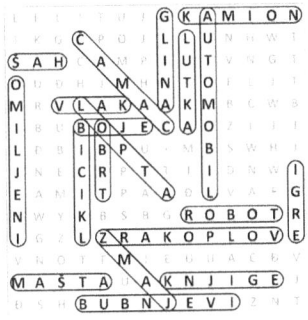

89 - Muziekinstrument

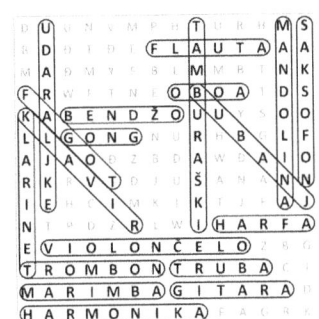

90 - Activiteiten en Vrije Ti

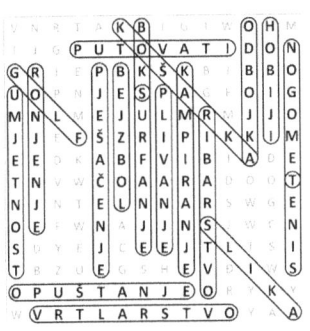

91 - Water

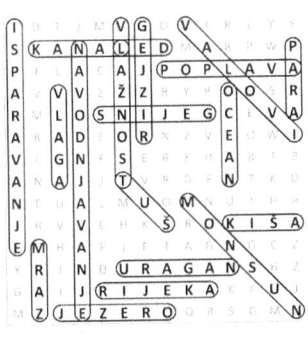

92 - Schaken

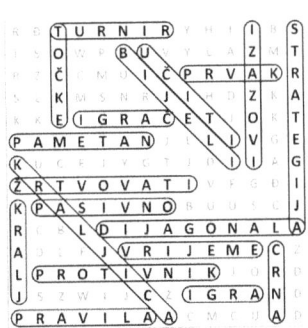

93 - Boerderij #1

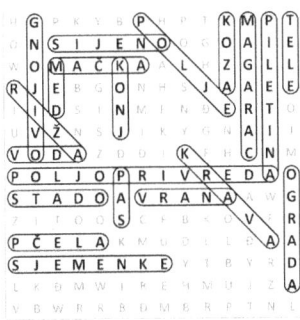

94 - Huis

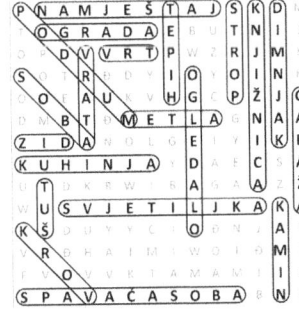

95 - Kleuren

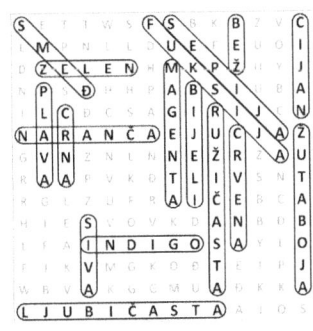

96 - Verjaardag

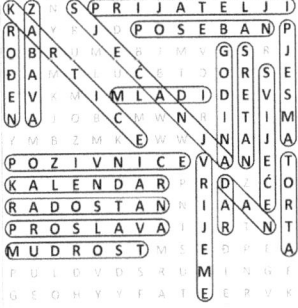

97 - Getallen

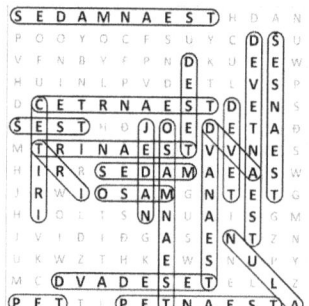

98 - Boerderij #2

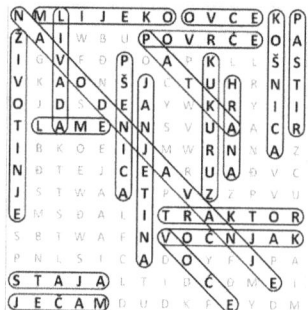

99 - Voeding

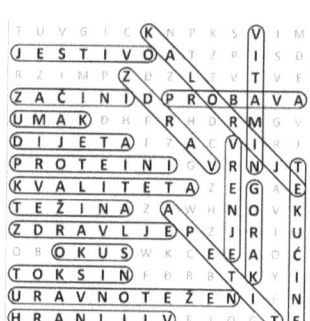

Woordenboek

1 Jaar Geleden
Vrline # 1

Artistiek	Umjetnički
Behulpzaam	Koristan
Bescheiden	Skroman
Beslissend	Odlučno
Betrouwbaar	Pouzdan
Charmant	Šarmantan
Efficiënt	Efikasan
Gepassioneerd	Strasan
Goed	Dobar
Grappig	Smiješno
Gul	Velikodušan
Intelligent	Inteligentan
Nieuwsgierig	Znatiželjan
Onafhankelijk	Nezavisna
Patiënt	Pacijent
Praktisch	Praktičan
Schoon	Čist
Wijs	Mudar
Zelfverzekerd	Uvjeren

Activiteiten
Aktivnosti

Activiteit	Aktivnost
Ambachten	Obrt
Dansen	Ples
Fotografie	Fotografija
Games	Igre
Hengelsport	Ribarstvo
Jacht	Lov
Kamperen	Kampiranje
Keramiek	Keramika
Kunst	Umjetnost
Lezen	Čitanje
Magie	Magija
Naaien	Šivanje
Ontspanning	Opuštanje
Plezier	Zadovoljstvo
Puzzels	Zagonetke
Schilderij	Slika
Tuinieren	Vrtlarstvo
Vaardigheid	Vještina
Wandelen	Pješačenje

Activiteiten en Vrije Ti
Zabava i Slobodno Vrijeme

Basketbal	Košarka
Boksen	Boks
Duiken	Ronjenje
Golf	Golf
Hengelsport	Ribarstvo
Hobby	Hobiji
Honkbal	Bejzbol
Kamperen	Kampiranje
Kunst	Umjetnost
Ontspannen	Opuštanje
Reis	Putovati
Schilderij	Slika
Surfen	Surfanje
Tennis	Tenis
Tuinieren	Vrtlarstvo
Voetbal	Nogomet
Volleybal	Odbojka
Wandelen	Pješačenje
Zwemmen	Plivanje

Antarctica
Antarktika

Baai	Zaljev
Behoud	Konzervacija
Continent	Kontinent
Eilanden	Otoci
Expeditie	Ekspedicija
Geografie	Geografija
Gletsjers	Ledenjaci
Ijs	Led
Migratie	Migracija
Mineralen	Minerali
Omgeving	Okoliš
Onderzoeker	Istraživač
Pinguïn	Pingvini
Rotsachtig	Stjenovita
Schiereiland	Poluotok
Temperatuur	Temperatura
Topografie	Topografija
Water	Voda
Wetenschappelijk	Znanstven
Wolken	Oblaci

Astronomie
Astronomija

Aarde	Zemlja
Asteroïde	Asteroid
Astronaut	Astronaut
Astronoom	Astronom
Equinox	Ekvinocija
Komeet	Komet
Kosmos	Kozmos
Maan	Mjesec
Meteoor	Meteor
Nevel	Maglica
Observatorium	Zvjezdarnica
Planeet	Planeta
Raket	Raketa
Satelliet	Satelit
Ster	Zvijezda
Sterrenbeeld	Konstelacija
Straling	Zračenje
Telescoop	Teleskop
Universum	Svemir
Zwaartekracht	Gravitacija

Avontuur
Avantura

Activiteit	Aktivnost
Bestemming	Odredište
Enthousiasme	Entuzijazam
Excursie	Izlet
Gevaarlijk	Opasno
Kans	Prilika
Moed	Hrabrost
Moeilijkheid	Teškoća
Natuur	Priroda
Navigatie	Navigacija
Nieuw	Novo
Ongewoon	Neobično
Reizen	Putovanja
Schoonheid	Ljepota
Uitdagingen	Izazovi
Veiligheid	Sigurnost
Verrassend	Iznenađujući
Voorbereiding	Priprema
Vreugde	Radost
Vrienden	Prijatelji

Badkamer
Kupaonica

Bad	Kada
Bellen	Mjehurići
Douche	Tuš
Handdoek	Ručnik
Kraan	Slavina
Lotion	Losion
Parfum	Parfem
Schaar	Škare
Shampoo	Šampon
Spiegel	Ogledalo
Spons	Spužva
Stoom	Para
Tapijt	Tepih
Water	Voda
Wc	Wc
Zeep	Sapun

Ballet
Balet

Applaus	Pljesak
Artistiek	Umjetnički
Ballerina	Balerina
Choreografie	Koreografija
Componist	Skladatelj
Dansers	Plesači
Expressief	Izražajan
Gebaar	Gesta
Intensiteit	Intenzitet
Muziek	Glazba
Orkest	Orkestar
Praktijk	Praksa
Publiek	Publika
Repetitie	Proba
Ritme	Ritam
Sierlijk	Graciozan
Spieren	Mišići
Stijl	Stil
Techniek	Tehnika
Vaardigheid	Vještina

Barbecues
Roštilji

Diner	Večera
Familie	Obitelj
Fruit	Voće
Grill	Roštilj
Groente	Povrće
Heet	Vruće
Honger	Glad
Kip	Piletina
Lunch	Ručak
Messen	Noževi
Muziek	Glazba
Peper	Papar
Salades	Salate
Saus	Umak
Tomaten	Rajčice
Uien	Luk
Uitnodiging	Poziv
Vorken	Vilice
Zomer	Ljeto
Zout	Sol

Beeldende Kunsten
Vizualne Umjetnosti

Architectuur	Arhitektura
Artiest	Umjetnik
Beeldhouwwerk	Skulptura
Creativiteit	Kreativnost
Ezel	Stalak
Film	Film
Houtskool	Ugljen
Keramiek	Keramika
Klei	Glina
Krijt	Kreda
Meesterwerk	Remek-Djelo
Perspectief	Perspektiva
Portret	Portret
Potlood	Olovka
Samenstelling	Sastav
Schilderij	Slika
Stencil	Matrica
Vernis	Lak
Was	Vosak

Behoud
Konzervacija

Chemicaliën	Kemikalije
Duurzaam	Održiv
Ecosysteem	Ekosustav
Fiets	Ciklus
Gezondheid	Zdravlje
Groen	Zelen
Habitat	Stanište
Klimaat	Klima
Milieu	Ekološki
Natuurlijk	Prirodno
Onderwijs	Obrazovanje
Organisch	Organski
Pesticide	Pesticid
Recycleren	Reciklirati
Verminderen	Smanjiti
Vervuiling	Zagađenje
Vrijwilliger	Volonter
Water	Voda

Beroepen #1
Zanimanja № 1

Advocaat	Odvjetnik
Ambassadeur	Ambasador
Apotheker	Ljekarnik
Astronoom	Astronom
Atleet	Sportaš
Bankier	Bankar
Brandweerman	Vatrogasac
Cartograaf	Kartograf
Danser	Plesačica
Dierenarts	Veterinar
Dokter	Liječnik
Editor	Urednik
Geoloog	Geolog
Jager	Lovac
Juwelier	Zlatar
Monteur	Mehaničar
Muzikant	Glazbenik
Pianist	Pijanist
Psycholoog	Psiholog
Wetenschapper	Znanstvenik

Beroepen #2
Zanimanja № 2

Arts	Liječnik
Astronaut	Astronaut
Bibliothecaris	Knjižničar
Bioloog	Biolog
Chirurg	Kirurg
Detective	Detektiv
Filosoof	Filozof
Fotograaf	Fotograf
Illustrator	Ilustrator
Ingenieur	Inženjer
Journalist	Novinar
Leraar	Učitelj
Linguïst	Jezikoslovac
Onderzoeker	Istraživač
Piloot	Pilot
Schilder	Slikar
Tandarts	Zubar
Tuinman	Vrtlar
Uitvinder	Izumitelj
Zoöloog	Zoolog

Bijen
Pčele

Bestuiver	Oprašivač
Bijenkorf	Košnica
Bloemen	Cvijeće
Bloesem	Cvijet
Diversiteit	Raznolikost
Ecosysteem	Ekosustav
Fruit	Voće
Habitat	Stanište
Honing	Med
Insect	Kukac
Koningin	Kraljica
Rook	Dim
Stuifmeel	Pelud
Tuin	Vrt
Vleugels	Krila
Voedsel	Hrana
Voordelig	Korisno
Was	Vosak
Zon	Sunce
Zwerm	Roj

Bijvoeglijke Naamwoorden
Pridjevi № 1

Aantrekkelijk	Atraktivan
Actief	Aktivan
Ambitieus	Ambiciozan
Aromatisch	Aromatski
Artistiek	Umjetnički
Belangrijk	Važno
Diep	Duboko
Donker	Mrak
Dun	Tanak
Eerlijk	Iskren
Exotisch	Egzotično
Identiek	Identičan
Jong	Mladi
Lang	Dugo
Langzaam	Usporiti
Modern	Moderan
Onschuldig	Nevin
Perfect	Savršen
Waardevol	Vrijedan
Zwaar	Teška

Bijvoeglijke Naamwoorden
Pridjevi № 2

Authentiek	Autentično
Begaafd	Darovit
Beschrijvend	Opisni
Creatief	Kreativni
Dramatisch	Dramatičan
Gezond	Zdrav
Hongerig	Gladan
Interessant	Zanimljiv
Moe	Umorni
Natuurlijk	Prirodno
Nieuw	Novo
Normaal	Normalan
Productief	Produktivni
Slaperig	Pospan
Sterk	Jak
Trots	Ponosan
Verantwoordelijk	Odgovoran
Wild	Divlji
Zout	Slan
Zuiver	Čist

Bloemen
Cvijeće

Bloemblad	Latica
Boeket	Buket
Gardenia	Gardenija
Hibiscus	Hibiskus
Jasmijn	Jasmin
Klaver	Djetelina
Lavendel	Lavanda
Lelie	Ljiljan
Lila	Lila
Madeliefje	Tratinčica
Magnolia	Magnolija
Narcis	Narcis
Orchidee	Orhideja
Paardebloem	Maslačak
Papaver	Mak
Pioenroos	Božur
Plumeria	Plumerija
Roos	Ruža
Tulp	Tulipan
Zonnebloem	Suncokret

Boeken
Knjige

Auteur	Autor
Avontuur	Avantura
Bladzijde	Stranica
Collectie	Zbirka
Context	Kontekst
Dualiteit	Dualnost
Episch	Ep
Gedicht	Pjesma
Geschreven	Napisan
Historisch	Povijesni
Humoristisch	Duhovit
Inventief	Inventivni
Lezer	Čitač
Literair	Literarni
Poëzie	Poezija
Relevant	Relevantan
Roman	Roman
Tragisch	Tragično
Verhaal	Priča
Verteller	Pripovjedač

Boerderij #1
Farma Broj 1

Bij	Pčela
Ezel	Magarac
Geit	Koza
Hek	Ograda
Hond	Pas
Honing	Med
Hooi	Sijeno
Kalf	Tele
Kat	Mačka
Kip	Piletina
Koe	Krava
Kraai	Vrana
Kudde	Stado
Landbouw	Poljoprivreda
Mest	Gnojivo
Paard	Konj
Rijst	Riža
Veld	Polje
Water	Voda
Zaden	Sjemenke

Boerderij #2
Farma № 2

Bijenkorf	Košnica
Boomgaard	Voćnjak
Dieren	Životinje
Eend	Patka
Fruit	Voće
Gerst	Ječam
Groente	Povrće
Herder	Pastir
Irrigatie	Navodnjavanje
Lam	Janjetina
Lama	Lame
Maïs	Kukuruz
Melk	Mlijeko
Schaap	Ovce
Schuur	Staja
Tarwe	Pšenica
Tractor	Traktor
Voedsel	Hrana
Weide	Livada
Windmolen	Vjetrenjača

Boten
Brodovi

Anker	Sidro
Bemanning	Posada
Boei	Plutača
Dok	Pristanište
Golven	Valovi
Jacht	Jahta
Kajak	Kajak
Kano	Kanu
Mast	Jarbol
Matroos	Mornar
Meer	Jezero
Motor	Motor
Nautisch	Pomorski
Oceaan	Ocean
Rivier	Rijeka
Touw	Uže
Veerboot	Trajekt
Vlot	Splav
Zee	More
Zeilboot	Jedrilica

Camping
Kampiranje

Avontuur	Avantura
Berg	Planina
Bomen	Drveća
Bos	Šuma
Brand	Vatra
Cabine	Kabina
Dieren	Životinje
Hangmat	Viseća
Hoed	Šešir
Insect	Kukac
Jacht	Lov
Kaart	Karta
Kano	Kanu
Kompas	Kompas
Lantaarn	Fenjer
Maan	Mjesec
Meer	Jezero
Natuur	Priroda
Tent	Šator
Touw	Uže

Chocolade
Čokolada

Aroma	Aroma
Artisanaal	Zanatski
Bitter	Gorak
Cacao	Kakao
Calorieën	Kalorije
Exotisch	Egzotično
Favoriet	Omiljeni
Heerlijk	Ukusno
Ingrediënt	Sastojak
Karamel	Karamela
Kokosnoot	Kokos
Kwaliteit	Kvaliteta
Pinda'S	Kikiriki
Poeder	Prah
Recept	Recept
Smaak	Ukus
Snoep	Bombon
Suiker	Šećer
Verlangen	Žudnja
Zoet	Slatko

Circus
Cirkus

Aap	Majmun
Acrobaat	Akrobat
Ballonnen	Baloni
Clown	Klaun
Dieren	Životinje
Goochelaar	Čarobnjak
Jongleur	Žongler
Kaartje	Ulaznica
Kostuum	Kostim
Leeuw	Lav
Magie	Magija
Muziek	Glazba
Olifant	Slon
Parade	Parada
Snoep	Bombon
Tent	Šator
Tijger	Tigar
Toeschouwer	Gledatelj
Truc	Trik
Vermaken	Zabavljati

Dagen en Maanden
Dani i Mjeseci

Augustus	Kolovoz
Dinsdag	Utorak
Donderdag	Četvrtak
Februari	Veljača
Jaar	Godina
Januari	Siječanj
Juli	Srpanj
Juni	Lipanj
Kalender	Kalendar
Maand	Mjesec
Maandag	Ponedjeljak
Maart	Ožujak
November	Studeni
Oktober	Listopad
September	Rujan
Vrijdag	Petak
Week	Tjedan
Woensdag	Srijeda
Zaterdag	Subota
Zondag	Nedjelja

Dans
Ples

Academie	Akademija
Beweging	Pokret
Blij	Radostan
Choreografie	Koreografija
Cultureel	Kulturni
Cultuur	Kultura
Emotie	Emocija
Expressief	Izražajan
Genade	Milost
Houding	Držanje
Klassiek	Klasični
Kunst	Umjetnost
Lichaam	Tijelo
Muziek	Glazba
Partner	Partner
Repetitie	Proba
Ritme	Ritam
Springen	Skok
Traditioneel	Tradicionalan
Visueel	Vidni

Dinosaurussen
Dinosauri

Aarde	Zemlja
Carnivoor	Mesožder
Enorm	Ogroman
Evolutie	Evolucija
Fossielen	Fosili
Groot	Veliki
Grootte	Veličina
Herbivoor	Biljojedi
Krachtig	Snažan
Mammoet	Mamut
Omnivoor	Svejed
Prehistorisch	Prapovijesni
Prooi	Plijen
Reptiel	Gmaz
Soort	Vrsta
Staart	Rep
Verdwijning	Nestanak
Vicieuze	Začarani
Vleugels	Krila

Ecologie
Ekologija

Bergen	Planine
Diversiteit	Raznolikost
Droogte	Suša
Duurzaam	Održiv
Fauna	Fauna
Flora	Flora
Gemeenschappen	Zajednice
Globaal	Globalno
Habitat	Stanište
Klimaat	Klima
Marinier	Pomorski
Moeras	Močvara
Natuur	Priroda
Natuurlijk	Prirodno
Overleving	Opstanak
Planten	Bilje
Soort	Vrsta
Vegetatie	Vegetacija
Vrijwilligers	Volonteri

Emoties
Emocije

Angst	Strah
Beschaamd	Neugodno
Dankbaar	Zahvalan
Droefheid	Tuga
Gelukzaligheid	Blaženstvo
Inhoud	Sadržaj
Kalm	Miran
Liefde	Ljubav
Opgewonden	Uzbuđen
Opluchting	Olakšanje
Sympathie	Simpatija
Tederheid	Nježnost
Tevreden	Zadovoljan
Verrassing	Iznenađenje
Verveling	Dosada
Vrede	Mir
Vreugde	Radost
Vriendelijkheid	Ljubaznost
Woede	Bijes

Eten #1
Hrana # 1

Aardbei	Jagoda
Abrikoos	Marelica
Basilicum	Bosiljak
Citroen	Limun
Gerst	Ječam
Kaneel	Cimet
Knoflook	Češnjak
Melk	Mlijeko
Peer	Kruška
Pinda	Kikiriki
Salade	Salata
Sap	Sok
Soep	Juha
Spinazie	Špinat
Suiker	Šećer
Tonijn	Tuna
Ui	Luk
Vlees	Meso
Wortel	Mrkva
Zout	Sol

Eten #2
Hrana # 2

Amandel	Badem
Ananas	Ananas
Appel	Jabuka
Asperge	Šparoga
Aubergine	Patlidžan
Banaan	Banana
Broccoli	Brokula
Brood	Kruh
Druif	Grožđe
Ei	Jaje
Ham	Šunka
Kaas	Sir
Kip	Piletina
Kiwi	Kivi
Perzik	Breskva
Rijst	Riža
Tarwe	Pšenica
Tomaat	Rajčica
Vis	Riba
Yoghurt	Jogurt

Exploratie
Istraživanje

Activiteit	Aktivnost
Bepaling	Odlučnost
Culturen	Kulture
Dieren	Životinje
Gevaarlijk	Opasan
Gevaren	Opasnosti
Leren	Učiti
Moed	Hrabrost
Nieuw	Novo
Onbekend	Nepoznat
Ontdekking	Otkriće
Opwinding	Uzbuđenje
Reis	Putovati
Ruimte	Prostor
Taal	Jezik
Terrein	Teren
Uitputting	Iscrpljenost
Wild	Divlji

Familie
Obitelj

Broer	Brat
Dochter	Kći
Grootmoeder	Baka
Jeugd	Djetinjstvo
Kind	Dijete
Kinderen	Djeca
Kleinkind	Unuče
Kleinzoon	Unuk
Man	Muž
Moeder	Majka
Neef	Nećak
Nicht	Nećakinja
Oom	Ujak
Opa	Djed
Tante	Tetka
Vader	Otac
Vaderlijk	Očinski
Voorouder	Predak
Vrouw	Supruga
Zus	Sestra

Fruit
Voće

Abrikoos	Marelica
Ananas	Ananas
Appel	Jabuka
Avocado	Avokado
Banaan	Banana
Bes	Bobica
Citroen	Limun
Druif	Grožđe
Framboos	Malina
Kers	Trešnja
Kiwi	Kivi
Kokosnoot	Kokos
Mango	Mango
Meloen	Dinja
Oranje	Naranča
Papaja	Papaja
Peer	Kruška
Perzik	Breskva
Pruim	Šljiva
Vijg	Smokva

Gebouwen
Građevine

Appartement	Stan
Bioscoop	Kino
Boerderij	Farma
Cabine	Kabina
Fabriek	Tvornica
Garage	Garaža
Hotel	Hotel
Kasteel	Dvorac
Laboratorium	Laboratorij
Museum	Muzej
Observatorium	Zvjezdarnica
School	Škola
Schuur	Staja
Stadion	Stadion
Supermarkt	Supermarket
Tent	Šator
Theater	Kazalište
Toren	Toranj
Universiteit	Sveučilište
Ziekenhuis	Bolnica

Geografie
Geografija

Atlas	Atlas
Berg	Planina
Breedtegraad	Širina
Continent	Kontinent
Eiland	Otok
Evenaar	Ekvator
Halfrond	Hemisfera
Hoogte	Visina
Kaart	Karta
Land	Zemlja
Meridiaan	Meridijan
Noorden	Sjever
Oceaan	Ocean
Regio	Regija
Rivier	Rijeka
Stad	Grad
Wereld	Svijet
Westen	Zapad
Zee	More
Zuiden	Jug

Geologie
Geologija

Aardbeving	Potres
Calcium	Kalcij
Continent	Kontinent
Erosie	Erozija
Fossiel	Fosil
Geiser	Gejzir
Gesmolten	Rastopljen
Grot	Kaverna
Koraal	Koralja
Kristallen	Kristali
Kwarts	Kvarc
Laag	Sloj
Lava	Lava
Plateau	Plato
Stalactiet	Stalaktit
Steen	Kamen
Vulkaan	Vulkan
Zone	Zona
Zout	Sol
Zuur	Kiselina

Getallen
Brojevi

Acht	Osam
Achttien	Osamnaest
Dertien	Trinaest
Drie	Tri
Een	Jedan
Negen	Devet
Negentien	Devetnaest
Nul	Nula
Tien	Deset
Twaalf	Dvanaest
Twee	Dva
Twintig	Dvadeset
Veertien	Četrnaest
Vier	Četiri
Vijf	Pet
Vijftien	Petnaest
Zes	Šest
Zestien	Šesnaest
Zeven	Sedam
Zeventien	Sedamnaest

Groenten
Povrće

Artisjok	Artičoka
Aubergine	Patlidžan
Broccoli	Brokula
Erwt	Grašak
Gember	Đumbir
Knoflook	Češnjak
Komkommer	Krastavac
Olijf	Maslina
Paddestoel	Gljiva
Peterselie	Peršin
Pompoen	Bundeva
Raap	Repa
Radijs	Rotkvica
Salade	Salata
Selderij	Celer
Sjalot	Luk Kozjak
Spinazie	Špinat
Tomaat	Rajčica
Ui	Luk
Wortel	Mrkva

Haartypes
Vrste Kose

Blond	Plavuša
Bruin	Smeđ
Dik	Debeo
Droog	Suho
Dun	Tanak
Gevlochten	Pletena
Gezond	Zdrav
Glimmend	Sjajan
Golvend	Valovita
Grijs	Siva
Kaal	Ćelav
Kort	Kratak
Krullen	Kovrče
Krullend	Kovrčava
Lang	Dugo
Vlechten	Pletenice
Wit	Bijeli
Zacht	Mekan
Zilver	Srebro
Zwart	Crna

Herbalisme
Herbalizam

Aromatisch	Aromatski
Basilicum	Bosiljak
Bloem	Cvijet
Culinair	Kulinarski
Dille	Kopar
Dragon	Dragulj
Groen	Zelen
Ingrediënt	Sastojak
Knoflook	Češnjak
Kwaliteit	Kvaliteta
Lavendel	Lavanda
Marjolein	Mažuran
Oregano	Origano
Peterselie	Peršin
Rozemarijn	Ružmarin
Saffraan	Šafran
Smaak	Okus
Tijm	Timijan
Tuin	Vrt
Venkel	Komorač

Huis
Kuća

Bezem	Metla
Bibliotheek	Knjižnica
Dak	Krov
Deur	Vrata
Douche	Tuš
Garage	Garaža
Haard	Kamin
Hek	Ograda
Kamer	Soba
Kelder	Podrum
Keuken	Kuhinja
Lamp	Svjetiljka
Meubilair	Namještaj
Muur	Zid
Plafond	Strop
Schoorsteen	Dimnjak
Slaapkamer	Spavaća Soba
Spiegel	Ogledalo
Tapijt	Tepih
Tuin	Vrt

Huisdieren
Kući Ljubimci

Dierenarts	Veterinar
Geit	Koza
Hagedis	Gušter
Hamster	Hrčak
Hond	Pas
Kat	Mačka
Katje	Mače
Klauwen	Kandže
Koe	Krava
Konijn	Zec
Kraag	Ovratnik
Muis	Miš
Papegaai	Papiga
Poten	Šape
Puppy	Štene
Schildpad	Kornjača
Staart	Rep
Vis	Riba
Voedsel	Hrana
Water	Voda

Hulpmiddelen
Alati

Bijl	Sjekira
Fakkel	Baklja
Hamer	Čekić
Heerser	Vladar
Kabel	Kabel
Ladder	Ljestve
Lijm	Ljepilo
Mes	Nož
Nietje	Spajalica
Nietmachine	Klamerica
Schaar	Škare
Scheermes	Britva
Schop	Lopata
Schroef	Vijak
Tang	Kliješta
Touw	Uže
Wiel	Kotač

Insecten
Insekti

Bidsprinkhaan	Bogomoljka
Bij	Pčela
Bladluis	Lisne Uši
Cicade	Cvrčak
Horzel	Stršljen
Kakkerlak	Žohar
Kever	Buba
Larve	Larva
Libel	Vilin Konjic
Mier	Mrav
Mot	Moljac
Mug	Komarac
Sprinkhaan	Skakavac
Termiet	Termit
Vlinder	Leptir
Vlo	Buha
Wesp	Osa
Worm	Crv

Installaties
Biljke

Bamboe	Bambus
Bes	Bobica
Blad	List
Bloem	Cvijet
Boom	Drvo
Boon	Grah
Bos	Šuma
Cactus	Kaktus
Flora	Flora
Gebladerte	Lišće
Gras	Trava
Groeien	Rasti
Klimop	Bršljan
Mest	Gnojivo
Mos	Mahovina
Plantkunde	Botanika
Struik	Grm
Tuin	Vrt
Vegetatie	Vegetacija
Wortel	Korijen

Kastelen
Dvorci

Draak	Zmaj
Dynastie	Dinastija
Edele	Plemeniti
Eenhoorn	Jednorog
Feodaal	Feudalni
Harnas	Oklop
Katapult	Katapult
Kerker	Tamnica
Koninkrijk	Kraljevstvo
Kroon	Kruna
Muur	Zid
Paard	Konj
Paleis	Palača
Prins	Princ
Prinses	Princeza
Ridder	Vitez
Rijk	Carstvo
Schild	Štit
Toren	Toranj
Zwaard	Mač

Katten
Mačke

Bont	Krzno
Garen	Pređa
Gek	Lud
Grappig	Smiješno
Jager	Lovac
Klauw	Kandža
Klein	Malen
Muis	Miš
Nieuwsgierig	Znatiželjan
Onafhankelijk	Nezavisna
Persoonlijkheid	Osobnost
Poot	Šapa
Slaap	Spavati
Snel	Brzo
Speels	Razigran
Staart	Rep
Verlegen	Stidljiv
Wild	Divlji

Keuken
Kuhinja

Cup	Šalice
Eten	Jesti
Grill	Roštilj
Ketel	Čajnik
Koelkast	Hladnjak
Kom	Zdjela
Kruik	Vrč
Lepels	Žlice
Messen	Noževi
Oven	Pećnica
Pollepel	Kutlača
Recept	Recept
Schort	Pregača
Servet	Ubrus
Specerijen	Začini
Spons	Spužva
Voedsel	Hrana
Vorken	Vilice
Vriezer	Zamrzivač

Kleding
Odjeća

Armband	Narukvica
Blouse	Bluza
Broek	Hlače
Handschoenen	Rukavice
Hoed	Šešir
Jas	Kaput
Jasje	Jakna
Jurk	Haljina
Ketting	Ogrlica
Mode	Moda
Pyjama	Pidžama
Riem	Pojas
Rok	Suknja
Sandalen	Sandale
Schoen	Cipela
Schort	Pregača
Shirt	Košulja
Sjaal	Šal
Sokken	Čarape
Trui	Džemper

Kleuren
Boje

Beige	Bež
Blauw	Plava
Bruin	Smeđ
Cyaan	Cijan
Fuchsia	Fuksija
Geel	Žuta Boja
Grijs	Siva
Groen	Zelen
Indigo	Indigo
Magenta	Magenta
Oranje	Naranča
Paars	Ljubičasta
Rood	Crvena
Roze	Ružičasta
Sepia	Sepija
Wit	Bijeli
Zwart	Crna

Klimmen
Penjanje po Stijenama

Atmosfeer	Atmosfera
Deskundige	Stručnjak
Fysiek	Fizički
Gidsen	Vodiči
Grot	Špilja
Handschoenen	Rukavice
Helm	Kaciga
Hoogte	Visina
Kaart	Karta
Kracht	Snaga
Laarzen	Čizme
Letsel	Ozljeda
Nieuwsgierigheid	Znatiželja
Opleiding	Obuka
Smal	Suziti
Stabiliteit	Stabilnost
Terrein	Teren
Uitdagingen	Izazovi
Wandelen	Pješačenje

Komedie
Komedija

Acteur	Glumac
Actrice	Glumica
Applaus	Pljesak
Clowns	Klaunovi
Expressief	Izražajan
Gelach	Smijeh
Genre	Žanr
Grappen	Šale
Grappig	Smiješno
Humor	Humor
Improvisatie	Improvizacija
Parodie	Parodija
Plezier	Zabava
Publiek	Publika
Slim	Pametan
Televisie	Televizija
Theater	Kazalište

Kunst
Umjetnost

Beeldhouwwerk	Skulptura
Complex	Kompleks
Creëren	Stvoriti
Eenvoudig	Jednostavan
Eerlijk	Iskren
Geïnspireerd	Nadahnut
Humeur	Raspoloženje
Keramisch	Keramički
Onderwerp	Predmet
Origineel	Izvornik
Persoonlijk	Osobni
Poëzie	Poezija
Samenstelling	Sastav
Schilderijen	Slike
Surrealisme	Nadrealizam
Symbool	Simbol
Uitdrukking	Izraz
Visueel	Vidni

Kunstbenodigdheden
Umjetnički Pribor

Acryl	Akril
Borstels	Četke
Camera	Kamera
Creativiteit	Kreativnost
Ezel	Stalak
Gom	Brisač
Houtskool	Ugljen
Ideeën	Ideje
Inkt	Tinta
Klei	Glina
Kleuren	Boje
Lijm	Ljepilo
Olie	Ulje
Papier	Papir
Potloden	Olovke
Stoel	Stolica
Tafel	Stol
Water	Voda

Landen #2
Zemlje № 2

Denemarken	Danska
Ethiopië	Etiopija
Frankrijk	Francuska
Griekenland	Grčka
Ierland	Irska
Indonesië	Indonezija
Japan	Japan
Kenia	Kenija
Laos	Laos
Libanon	Libanon
Liberia	Liberija
Maleisië	Malezija
Mexico	Meksiko
Nepal	Nepal
Nigeria	Nigerija
Oeganda	Uganda
Oekraïne	Ukrajina
Rusland	Rusija
Somalië	Somalija
Syrië	Sirija

Landschappen
Krajolici

Berg	Planina
Eiland	Otok
Geiser	Gejzir
Gletsjer	Ledenjak
Grot	Špilja
Heuvel	Brdo
IJsberg	Ledena
Meer	Jezero
Moeras	Močvara
Oase	Oaza
Oceaan	Ocean
Rivier	Rijeka
Schiereiland	Poluotok
Strand	Plaža
Toendra	Tundra
Vallei	Dolina
Vulkaan	Vulkan
Waterval	Vodopad
Woestijn	Pustinja
Zee	More

Literatuur
Književnost

Analogie	Analogija
Analyse	Analiza
Anekdote	Anegdota
Auteur	Autor
Biografie	Biografija
Conclusie	Zaključak
Dialoog	Dijalog
Fictie	Fikcija
Gedicht	Pjesma
Mening	Mišljenje
Metafoor	Metafora
Poëtisch	Pjesnički
Rijm	Rima
Ritme	Ritam
Roman	Roman
Stijl	Stil
Thema	Tema
Tragedie	Tragedija
Vergelijking	Usporedba
Verteller	Pripovjedač

Meditatie
Meditacija

Aandacht	Pažnja
Aanvaarding	Prihvaćanje
Ademhaling	Disanje
Beweging	Pokret
Dankbaarheid	Zahvalnost
Emoties	Emocije
Gedachten	Misli
Geluk	Sreća
Helderheid	Jasnoća
Houding	Držanje
Mededogen	Suosjećanje
Mentaal	Mentalno
Muziek	Glazba
Natuur	Priroda
Observatie	Promatranje
Perspectief	Perspektiva
Stilte	Tišina
Vrede	Mir
Vriendelijkheid	Ljubaznost
Wakker	Budan

Meer Informatie
Znanstvena Fantastika

Bioscoop	Kino
Boeken	Knjige
Brand	Vatra
Denkbeeldig	Zamišljen
Dystopie	Distopija
Explosie	Eksplozija
Extreem	Krajnost
Fantastisch	Fantastičan
Futuristisch	Futuristički
Illusie	Iluzija
Mysterieus	Tajanstveni
Orakel	Proročište
Planeet	Planeta
Realistisch	Realno
Robots	Roboti
Scenario	Scenarij
Sterrenstelsel	Galaksija
Technologie	Tehnologija
Utopie	Utopija
Wereld	Svijet

Menselijk Lichaam
Ljudsko Tijelo

Been	Noga
Bloed	Krv
Elleboog	Lakat
Enkel	Gležanj
Hand	Ruka
Hart	Srce
Hersenen	Mozak
Hoofd	Glava
Huid	Koža
Kaak	Čeljust
Kin	Brada
Knie	Koljeno
Maag	Želudac
Mond	Usta
Nek	Vrat
Neus	Nos
Oor	Uho
Schouder	Rame
Tong	Jezik
Vinger	Prst

Metingen
Mjerenja

Breedte	Širina
Byte	Bajt
Centimeter	Centimetar
Decimaal	Decimala
Diepte	Dubina
Gewicht	Težina
Graad	Stupanj
Gram	Gram
Hoogte	Visina
Inch	Inč
Kilogram	Kilogram
Kilometer	Kilometar
Lengte	Dužina
Liter	Litra
Massa	Masa
Meter	Metar
Minuut	Minuta
Ons	Unca
Ton	Tona
Volume	Volumen

Muziekinstrumenten
Glazbeni Instrumenti

Banjo	Bendžo
Cello	Violončelo
Fagot	Fagot
Fluit	Flauta
Gitaar	Gitara
Gong	Gong
Harp	Harfa
Hobo	Oboa
Klarinet	Klarinet
Mandoline	Mandolina
Marimba	Marimba
Mondharmonica	Harmonika
Percussie	Udaraljke
Piano	Klavir
Saxofoon	Saksofon
Tamboerijn	Tamburaški
Trombone	Trombon
Trommel	Bubanj
Trompet	Truba
Viool	Violina

Mythologie
Mitologija

Archetype	Arhetip
Bliksem	Munja
Creatie	Stvaranje
Cultuur	Kultura
Donder	Grmljavina
Doolhof	Labirint
Gedrag	Ponašanje
Held	Junak
Heldin	Junakinja
Hemel	Nebo
Jaloezie	Ljubomora
Kracht	Snaga
Krijger	Ratnik
Legende	Legenda
Monster	Čudovište
Onsterfelijkheid	Besmrtnost
Ramp	Katastrofa
Sterfelijk	Smrtnik
Wezen	Stvorenje
Wraak	Osveta

Natuur
Priroda

Arctisch	Arktik
Bergen	Planine
Bijen	Pčele
Bos	Šuma
Dieren	Životinje
Dynamisch	Dinamičan
Erosie	Erozija
Gebladerte	Lišće
Gletsjer	Ledenjak
Heiligdom	Svetište
Mist	Magla
Rivier	Rijeka
Schoonheid	Ljepota
Schuilplaats	Sklonište
Sereen	Spokojan
Tropisch	Tropski
Vitaal	Bitan
Wild	Divlji
Woestijn	Pustinja
Wolken	Oblaci

Oceaan
Ocean

Aal	Jegulja
Algen	Alge
Boot	Čamac
Dolfijn	Dupin
Garnaal	Škampi
Getijden	Plime
Haai	Morski Pas
Koraal	Koralja
Krab	Rak
Kwal	Meduza
Octopus	Hobotnica
Oester	Kamenica
Rif	Greben
Schildpad	Kornjača
Spons	Spužva
Storm	Oluja
Tonijn	Tuna
Vis	Riba
Walvis	Kit
Zout	Sol

Piraten
Gusari

Anker	Sidro
Avontuur	Avantura
Bemanning	Posada
Eiland	Otok
Gevaar	Opasnost
Goud	Zlato
Grot	Špilja
Kaart	Karta
Kapitein	Kapetan
Kompas	Kompas
Legende	Legenda
Litteken	Ožiljak
Oceaan	Ocean
Papegaai	Papiga
Rum	Rum
Schat	Blago
Slecht	Loše
Strand	Plaža
Vlag	Zastava
Zwaard	Mač

Regenwoud
Prašuma

Amfibieën	Vodozemci
Behoud	Očuvanje
Botanisch	Botanički
Diversiteit	Raznolikost
Gemeenschap	Zajednica
Inheems	Autohtono
Insecten	Kukci
Jungle	Džungla
Klimaat	Klima
Mos	Mahovina
Natuur	Priroda
Overleving	Opstanak
Respect	Poštovanje
Restauratie	Obnova
Soort	Vrsta
Toevlucht	Utočište
Vogels	Ptice
Waardevol	Vrijedan
Wolken	Oblaci
Zoogdieren	Sisavci

Restaurant #1
Restoran Broj 1

Allergie	Alergija
Bord	Tanjur
Brood	Kruh
Eten	Jesti
Ingrediënten	Sastojci
Kassier	Blagajnik
Keuken	Kuhinja
Kip	Piletina
Koffie	Kava
Kom	Zdjela
Menu	Jelovnik
Mes	Nož
Pittig	Akutni
Reservering	Rezervacija
Saus	Umak
Serveerster	Konobarica
Servet	Ubrus
Toetje	Desert
Vlees	Meso
Voedsel	Hrana

Restaurant #2
Restoran Broj 2

Cake	Torta
Diner	Večera
Drank	Piće
Eieren	Jaja
Fruit	Voće
Groente	Povrće
Heerlijk	Ukusno
Ijs	Led
Lepel	Žlica
Lunch	Ručak
Noedels	Rezanci
Ober	Konobar
Salade	Salata
Soep	Juha
Specerijen	Začini
Stoel	Stolica
Vis	Riba
Vork	Vilica
Water	Voda
Zout	Sol

Rijden
Vožnja

Auto	Automobil
Brandstof	Gorivo
Garage	Garaža
Gas	Plin
Gevaar	Opasnost
Kaart	Karta
Licentie	Licenca
Motor	Motor
Motorfiets	Motocikl
Ongeluk	Nesreća
Politie	Policija
Remmen	Kočnice
Snelheid	Brzina
Straat	Ulica
Tunnel	Tunel
Veiligheid	Sigurnost
Verkeer	Promet
Voetganger	Pješak
Vrachtauto	Kamion
Weg	Cesta

Schaken
Šah

Diagonaal	Dijagonala
Kampioen	Prvak
Koning	Kralj
Koningin	Kraljica
Leren	Učiti
Offer	Žrtvovati
Passief	Pasivno
Punten	Točke
Reglement	Pravila
Slim	Pametan
Spel	Igra
Speler	Igrač
Strategie	Strategija
Tegenstander	Protivnik
Tijd	Vrijeme
Toernooi	Turnir
Uitdagingen	Izazovi
Wedstrijd	Natjecanje
Wit	Bijeli
Zwart	Crna

School #1
Škola Broj 1

Alfabet	Abeceda
Antwoorden	Odgovori
Bibliotheek	Knjižnica
Boeken	Knjige
Bureau	Stol
Cijfers	Brojevi
Examens	Ispiti
Klaslokaal	Učionica
Leraar	Učitelj
Leren	Učiti
Lunch	Ručak
Mappen	Mape
Papier	Papir
Pennen	Olovke
Plezier	Zabava
Potlood	Olovka
Quiz	Kviz
Stoel	Stolica
Vrienden	Prijatelji
Wiskunde	Matematika

School #2
Škola Broj 2

Academisch	Akademski
Bibliotheek	Knjižnica
Bus	Autobus
Computer	Računalo
Grammatica	Gramatika
Huiswerk	Domaća Zadaća
Kalender	Kalendar
Leraar	Učitelj
Literatuur	Književnost
Onderwijs	Obrazovanje
Papier	Papir
Pennen	Olovke
Potlood	Olovka
Rugzak	Ruksak
Schaar	Škare
Schoenen	Cipele
Weekend	Vikendom
Wetenschap	Znanost
Wiskunde	Matematika
Woordenboek	Rječnik

Specerijen
Začini

Anijs	Anis
Bitter	Gorak
Fenegriek	Piskavica
Gember	Đumbir
Kaneel	Cimet
Kardemom	Kardamom
Kerrie	Curry
Knoflook	Češnjak
Komijn	Kumin
Koriander	Korijander
Kurkuma	Kurkuma
Paprika	Paprika
Peper	Papar
Saffraan	Šafran
Smaak	Okus
Ui	Luk
Vanille	Vanilija
Venkel	Komorač
Zoet	Slatko
Zout	Sol

Speelgoed
Igračke

Ambachten	Obrt
Auto	Automobil
Bal	Lopta
Boeken	Knjige
Boot	Čamac
Drums	Bubnjevi
Favoriet	Omiljeni
Fiets	Bicikl
Games	Igre
Klei	Glina
Pop	Lutka
Robot	Robot
Schaak	Šah
Trein	Vlak
Verbeelding	Mašta
Verf	Boje
Vlieger	Zmaj
Vliegtuig	Zrakoplov
Vrachtauto	Kamion

Sport
Sportski

Atleet	Sportaš
Basketbal	Košarka
Beweging	Pokret
Fiets	Bicikl
Golf	Golf
Gymnasium	Gimnazija
Gymnastiek	Gimnastika
Hockey	Hokej
Honkbal	Bejzbol
Kampioenschap	Prvenstvo
Scheidsrechter	Sudac
Spel	Igra
Speler	Igrač
Stadion	Stadion
Team	Tim
Tennis	Tenis
Trainer	Trener
Winnaar	Pobjednik
Zwemmen	Plivati

Stad
Grad

Apotheek	Ljekarna
Bakkerij	Pekara
Bank	Banka
Bibliotheek	Knjižnica
Bioscoop	Kino
Bloemist	Cvjećar
Boekhandel	Knjižara
Dierentuin	Zoološki Vrt
Galerij	Galerija
Hotel	Hotel
Kliniek	Klinika
Luchthaven	Zračna Luka
Markt	Tržište
Museum	Muzej
School	Škola
Stadion	Stadion
Supermarkt	Supermarket
Theater	Kazalište
Universiteit	Sveučilište
Winkel	Pohraniti

Strand
Plaža

Blauw	Plava
Boot	Čamac
Dok	Pristanište
Eiland	Otok
Handdoek	Ručnik
Krab	Rak
Kust	Obala
Lagune	Laguna
Oceaan	Ocean
Paraplu	Kišobran
Rif	Greben
Sandalen	Sandale
Schelpen	Školjke
Vakantie	Odmor
Zand	Pijesak
Zee	More
Zeilboot	Jedrilica
Zon	Sunce
Zwemmen	Plivati

Surfen
Surfanje

Atleet	Sportaš
Beginner	Početnik
Extreem	Krajnost
Golf	Val
Kampioen	Prvak
Kracht	Snaga
Maag	Želudac
Menigte	Gužve
Oceaan	Ocean
Peddelen	Veslo
Plezier	Zabava
Populair	Popularan
Rif	Greben
Schuim	Pjena
Snelheid	Brzina
Spray	Sprej
Stijl	Stil
Strand	Plaža
Weer	Vrijeme
Zwemmen	Plivati

Technologie
Tehnologija

Bericht	Poruka
Bestand	Datoteka
Blog	Blog
Browser	Preglednik
Bytes	Bajtovi
Camera	Kamera
Computer	Računalo
Cursor	Kursor
Digitaal	Digitalni
Gegevens	Podaci
Internet	Internet
Onderzoek	Istraživanje
Scherm	Zaslon
Software	Softver
Statistiek	Statistika
Veiligheid	Sigurnost
Virtueel	Virtualan
Virus	Virus

Tijd
Vrijeme

Dag	Dan
Decennium	Desetljeće
Eeuw	Stoljeće
Gisteren	Jučer
Jaar	Godina
Jaarlijks	Godišnji
Kalender	Kalendar
Klok	Sat
Maand	Mjesec
Middag	Podne
Minuut	Minuta
Morgen	Sutra
Na	Nakon
Nacht	Noć
Nu	Sada
Ochtend	Jutro
Toekomst	Budućnost
Vandaag	Danas
Vroeg	Rano
Week	Tjedan

Tuin
Vrt

Bank	Klupa
Bloem	Cvijet
Boom	Drvo
Boomgaard	Voćnjak
Garage	Garaža
Gazon	Travnjak
Gras	Trava
Hangmat	Viseća
Hark	Grablje
Hek	Ograda
Onkruid	Korov
Rotsen	Stijene
Schop	Lopata
Slang	Crijevo
Struik	Grm
Terras	Terasa
Trampoline	Trampolin
Tuin	Vrt
Vijver	Ribnjak
Wijnstok	Loza

Vakantie #1
Odmor Broj 1

Auto	Automobil
Douane	Carina
Expeditie	Ekspedicija
Kaartje	Ulaznica
Koffer	Kofer
Meer	Jezero
Museum	Muzej
Ontspanning	Opuštanje
Paraplu	Kišobran
Reisplan	Itinerar
Rugzak	Ruksak
Toerist	Turist
Tram	Tramvaj
Valuta	Valuta
Vertrek	Odlazak
Vliegtuig	Zrakoplov
Zwemmen	Plivati

Vakantie #2
Odmor № 2

Bestemming	Odredište
Buitenlander	Stranac
Buitenlands	Strani
Eiland	Otok
Hotel	Hotel
Kaart	Karta
Kamperen	Kampiranje
Luchthaven	Zračna Luka
Paspoort	Putovnica
Reis	Putovanje
Reserveringen	Rezervacije
Restaurant	Restoran
Strand	Plaža
Taxi	Taksi
Tent	Šator
Trein	Vlak
Vakantie	Odmor
Vervoer	Prijevoz
Visum	Viza
Zee	More

Verjaardag
Rođendan

Blij	Radostan
Cake	Torta
Dag	Dan
Geboren	Rođen
Gelukkig	Sretan
Geschenk	Dar
Herinneringen	Sjećanja
Jaar	Godina
Jong	Mladi
Kaarsen	Svijeće
Kaarten	Kartice
Kalender	Kalendar
Lied	Pjesma
Plezier	Zabava
Speciaal	Poseban
Tijd	Vrijeme
Uitnodigingen	Pozivnice
Viering	Proslava
Vrienden	Prijatelji
Wijsheid	Mudrost

Vissen
Ribarstvo

Aas	Mamac
Apparatuur	Oprema
Boot	Čamac
Draad	Žica
Geduld	Strpljenje
Gewicht	Težina
Haak	Kuka
Kaak	Čeljust
Kieuwen	Škrge
Kok	Kuhati
Mand	Košara
Meer	Jezero
Oceaan	Ocean
Overdrijving	Pretjerivanje
Rivier	Rijeka
Seizoen	Sezona
Strand	Plaža
Vinnen	Peraje
Water	Voda

Vliegtuigen
Zrakoplovi

Afdaling	Silazak
Atmosfeer	Atmosfera
Avontuur	Avantura
Ballon	Balon
Bemanning	Posada
Bouw	Izgradnja
Brandstof	Gorivo
Geschiedenis	Povijest
Hemel	Nebo
Hoogte	Visina
Landen	Slijetanje
Lucht	Zrak
Motor	Motor
Ontwerp	Dizajn
Passagier	Putnik
Piloot	Pilot
Propellers	Propeleri
Richting	Smjer
Turbulentie	Turbulencija
Waterstof	Vodik

Voeding
Prehrana

Bitter	Gorak
Calorieën	Kalorije
Dieet	Dijeta
Eetbaar	Jestivo
Eetlust	Apetit
Eiwitten	Proteini
Evenwichtig	Uravnotežen
Fermentatie	Vrenje
Gewicht	Težina
Gezond	Zdrav
Gezondheid	Zdravlje
Kwaliteit	Kvaliteta
Saus	Umak
Smaak	Okus
Specerijen	Začini
Spijsvertering	Probava
Toxine	Toksin
Vitamine	Vitamin
Vloeistoffen	Tekućine
Voedingsstof	Hranljiv

Voertuigen
Vozila

Ambulance	Hitna Pomoć
Auto	Automobil
Banden	Gume
Bestelwagen	Kombi
Boot	Čamac
Bus	Autobus
Caravan	Karavan
Fiets	Bicikl
Helikopter	Helikopter
Motor	Motor
Onderzeeër	Podmornica
Raket	Raketa
Scooter	Skuter
Taxi	Taksi
Tractor	Traktor
Trein	Vlak
Veerboot	Trajekt
Vliegtuig	Zrakoplov
Vlot	Splav
Vrachtauto	Kamion

Vogels
Ptice

Duif	Golub
Eend	Patka
Ei	Jaje
Flamingo	Flamingo
Gans	Guska
Kip	Piletina
Koekoek	Kukavica
Kraai	Vrana
Meeuw	Galeb
Mus	Vrabac
Ooievaar	Roda
Papegaai	Papiga
Pauw	Paun
Pelikaan	Pelikan
Pinguïn	Pingvin
Reiger	Čaplja
Struisvogel	Noj
Toekan	Toucan
Uil	Sova
Zwaan	Labud

Vormen
Obrasci

Bol	Sfera
Boog	Luk
Cilinder	Cilindar
Cirkel	Krug
Curve	Krivulja
Driehoek	Trokut
Hoek	Kut
Hyperbool	Hiperbola
Kant	Strana
Kegel	Konus
Kubus	Kocka
Lijn	Crta
Ovaal	Ovalan
Piramide	Piramida
Prisma	Prizma
Randen	Rubovi
Rechthoek	Pravokutnik
Veelhoek	Poligon
Vierkant	Kvadrat

Wandelen
Planinarenje

Berg	Planina
Dieren	Životinje
Gevaren	Opasnosti
Kaart	Karta
Kamperen	Kampiranje
Klif	Litica
Klimaat	Klima
Laarzen	Čizme
Moe	Umorni
Muggen	Komarci
Natuur	Priroda
Oriëntatie	Orijentacija
Parken	Parkovi
Stenen	Kamenje
Voorbereiding	Priprema
Water	Voda
Weer	Vrijeme
Wild	Divlji
Zon	Sunce
Zwaar	Teška

Water
Voda

Douche	Tuš
Geiser	Gejzir
Golven	Valovi
Ijs	Led
Irrigatie	Navodnjavanje
Kanaal	Kanal
Meer	Jezero
Moesson	Monsun
Oceaan	Ocean
Orkaan	Uragan
Overstroming	Poplava
Regen	Kiša
Rivier	Rijeka
Sneeuw	Snijeg
Stoom	Para
Verdamping	Isparavanje
Vocht	Vlaga
Vochtigheid	Vlažnost
Vorst	Mraz

Weersomstandigheden
Vrijeme

Atmosfeer	Atmosfera
Bliksem	Munja
Donder	Grmljavina
Droog	Suho
Droogte	Suša
Hemel	Nebo
Ijs	Led
Klimaat	Klima
Mist	Magla
Moesson	Monsun
Orkaan	Uragan
Overstroming	Poplava
Polair	Polarni
Regenboog	Duga
Storm	Oluja
Temperatuur	Temperatura
Tornado	Tornado
Tropisch	Tropski
Wind	Vjetar
Wolk	Oblak

Wetenschap
Znanost

Atoom	Atom
Chemisch	Kemijski
Deeltjes	Čestice
Evolutie	Evolucija
Experiment	Eksperiment
Feit	Činjenica
Fossiel	Fosil
Gegevens	Podaci
Hypothese	Hipoteza
Klimaat	Klima
Laboratorium	Laboratorij
Methode	Metoda
Mineralen	Minerali
Moleculen	Molekule
Natuur	Priroda
Natuurkunde	Fizika
Observatie	Promatranje
Organisme	Organizam
Wetenschapper	Znanstvenik
Zwaartekracht	Gravitacija

Wetenschappelijke Discip
Znanstvene Discipline

Anatomie	Anatomija
Archeologie	Arheologija
Astronomie	Astronomija
Biochemie	Biokemija
Biologie	Biologija
Chemie	Kemija
Ecologie	Ekologija
Fysiologie	Fiziologija
Geologie	Geologija
Immunologie	Imunologija
Mechanica	Mehanika
Meteorologie	Meteorologija
Mineralogie	Mineralogija
Neurologie	Neurologija
Plantkunde	Botanika
Psychologie	Psihologija
Robotica	Robotika
Sociologie	Sociologija
Thermodynamica	Termodinamika
Voeding	Ishrana

Wiskunde
Matematika

Decimaal	Decimala
Diameter	Promjer
Divisie	Podjela
Driehoek	Trokut
Exponent	Eksponent
Fractie	Frakcija
Geometrie	Geometrija
Hoeken	Kutovi
Loodrecht	Okomica
Omtrek	Opseg
Parallel	Paralelno
Parallellogram	Paralelogram
Rechthoek	Pravokutnik
Rekenkundig	Aritmetika
Som	Suma
Symmetrie	Simetrija
Veelhoek	Poligon
Vergelijking	Jednadžba
Vierkant	Kvadrat
Volume	Volumen

Zomer
Ljeto

Boeken	Knjige
Duiken	Ronjenje
Familie	Obitelj
Games	Igre
Herinneringen	Sjećanja
Huis	Dom
Kamperen	Kampiranje
Muziek	Glazba
Ontspanning	Opuštanje
Reis	Putovati
Sandalen	Sandale
Sterren	Zvijezde
Strand	Plaža
Tuin	Vrt
Vakantie	Odmor
Voedsel	Hrana
Vreugde	Radost
Vrienden	Prijatelji
Zee	More
Zwemmen	Plivati

Zoogdieren
Sisavci

Aap	Majmun
Bever	Dabar
Coyote	Kojot
Dolfijn	Dupin
Ezel	Magarac
Geit	Koza
Giraf	Žirafa
Gorilla	Gorila
Hond	Pas
Kameel	Deva
Kangoeroe	Klokan
Kat	Mačka
Konijn	Zec
Leeuw	Lav
Olifant	Slon
Paard	Konj
Stier	Bik
Vos	Lisica
Walvis	Kit
Wolf	Vuk

Gefeliciteerd

Je hebt het gehaald!

We hopen dat u net zoveel plezier beleeft aan dit boek als wij aan het maken ervan. We doen ons best om spellen van hoge kwaliteit te maken.
Deze puzzels zijn op een slimme manier ontworpen zodat je actief kunt leren terwijl je plezier hebt!

Vond je ze mooi?

Een Eenvoudig Verzoek

Onze boeken bestaan dankzij de recensies die zij publiceren.
Kunt u ons helpen door nu een mening achter te laten ?

Hier is een korte link die u naar uw
bestellingen beoordelingspagina.

BestBooksActivity.com/Recensie50

FINAAL UITDAGING!

Uitdaging nr. 1

Klaar voor uw bonusspel? We gebruiken ze de hele tijd, maar ze zijn niet zo gemakkelijk te vinden. Hier zijn **Synoniemen!**

Noteer 5 woorden die je ontdekt hebt in elk van de onderstaande puzzels (nr. 21, nr. 36, nr. 76) en probeer voor elk woord 2 synoniemen te vinden.

*Notitie 5 Woorden uit **Puzzle 21***

Woorden	Synoniem 1	Synoniem 2

*Notitie 5 Woorden uit **Puzzle 36***

Woorden	Synoniem 1	Synoniem 2

*Notitie 5 Woorden uit **Puzzle 76***

Woorden	Synoniem 1	Synoniem 2

Uitdaging nr. 2

Nu je opgewarmd bent, noteer 5 woorden die je ontdekt hebt in elke hieronder genoteerde puzzel (nr. 9, nr. 17, nr. 25) en probeer voor elk woord 2 antoniemen te vinden. Hoeveel regels kan je doen in 20 minuten?

Notitie 5 Woorden uit *Puzzle 9*

Woorden	Antoniem 1	Antoniem 2

Notitie 5 Woorden uit *Puzzle 17*

Woorden	Antoniem 1	Antoniem 2

Notitie 5 Woorden uit *Puzzle 25*

Woorden	Antoniem 1	Antoniem 2

Uitdaging nr. 3

Prachtig, deze finaal uitdaging  is makkelijk voor jou!

Klaar voor de laatste? Kies je 10 favoriete woorden die je in een van de puzzels hebt ontdekt en noteer ze hieronder.

1.	6.
2.	7.
3.	8.
4.	9.
5.	10.

De uitdaging is nu om met deze woorden en binnen een maximum van zes zinnen een tekst te schrijven over een persoon, dier of plaats waar je van houdt!

Tip: U kunt de laatste blanco pagina van dit boek als kladblaadje gebruiken!

Je schrijven:

NOTITIEBOEKJE:

TOT SNEL!

Linguas Classics

BESTACTIVITYBOOKS.COM/FREEGAMES

www.ingramcontent.com/pod-product-compliance
Lightning Source LLC
Chambersburg PA
CBHW082058120626
46553CB00011B/3454